U1014753

作 者 像

作者简介

傅罗格（Frog），芬兰国际民俗学会原主席，芬兰国际民俗学会学术丛书系列（FFC）主编，伦敦大学学院博士，芬兰赫尔辛基大学副教授。在民俗学的宏观理论范式与具体现象之间双向移动和创新研究，强调以传统文化研究为基础，对芬兰史诗《卡勒瓦拉》原生地开展多年实地调查，从跨文化学的视角，重新阐释芬兰学派。重点研究史诗、神话、仪式与民俗的关系，推进中世纪斯堪的纳维亚语言学与民俗学的交叉研究，使用考古学和源名学史料，延伸至符号学、历史语言学和宗教史学，拓展民俗学的研究空间。肯定民俗学的定性研究性质，也适当使用定量研究方法。傅罗格长期从事民俗学研究，对当代民俗学的理论和方法论的发展都做出重要贡献，出版主要学术著作近 30 种，发表学术论文百余篇。

内容简介

要了解 160 年的民俗学，就要了解芬兰学派；要了解全球化时期的国际民俗学，也要了解芬兰学派；要了解世界多元民俗学的学术史和文化主体性，还要了解芬兰学派。本书共分三章：第一章、芬兰学派的民俗学学科史，涉及地缘政治、编写国家史的影响、《卡勒瓦拉》史诗、比较研究的学科地位；第二章、经典民俗学的核心部分——芬兰学派的历史地理研究法，讨论科隆父子的重大贡献，包括对文本、类型、学科化等基本问题的提出、学术成就与不足；第三章、当代芬兰学派的方法论革命与新发展，作者在跨文化的视野下，讨论了芬兰学派与德国学派、英国学派、俄罗斯学派、瑞典学派和美国学派的各自特点，对其交流共享与彼此差异做了细致的分析。这是一部系统研究芬兰学派理论与方法的学术著作。

[法] 金丝燕　董晓萍　主编

“跨文化学导论”丛书之九

跨文化的芬兰学派

[美] 傅罗格（Frog）著

董晓萍　译

中国大百科全书出版社

图书在版编目（CIP）数据

跨文化的芬兰学派 /（美）傅罗格著；董晓萍译
. -- 北京 ：中国大百科全书出版社，2022.12
（“跨文化学导论”系列）
ISBN 978-7-5202-1284-7

Ⅰ. ①跨… Ⅱ. ①傅… ②董… Ⅲ. ①民俗学—研究—世界 Ⅳ. ①K891

中国版本图书馆CIP数据核字(2022)第249689号

出 版 人 刘祚臣
策 划 人 曾 辉
责任编辑 曹 来
封面设计 程 然
责任印刷 魏 婷
出版发行 中国大百科全书出版社
地 址 北京市阜成门北大街 17 号
邮政编码 100037
电 话 010-88390969
网 址 http://www.ecph.com.cn
印 刷 北京汇瑞嘉合文化发展有限公司
开 本 787 毫米 ×1092 毫米 1/32
印 张 7.25
字 数 110 千字
印 次 2022 年 12 月第 1 版 2022 年 12 月第 1 次印刷
书 号 ISBN 978-7-5202-1284-7
定 价 59.00 元

本书如有印装质量问题，可与出版社联系调换。

[法] 金丝燕　董晓萍　主编
“跨文化学导论”系列
“跨文化研究”丛书（112）

教育部人文社会科学重点研究基地重大项目
“跨文化学理论与方法论”
（项目批准号：16JJD750006）

青海省人民政府 - 北京师范大学高原科学与可持续发展研究院与
北京师范大学跨文化研究院“丝路跨文化研究”重大项目
（项目批准号：19JJD750003）

综合性研究成果

教育部人文社会科学重点研究基地
北京师范大学民俗典籍文字研究中心
青海省人民政府 - 北京师范大学高原科学与可持续发展研究院与
北京师范大学跨文化研究院“ 丝路跨文化研究”重大项目组

资 助 出 版

“跨文化研究”丛书
编辑委员会

乐黛云　［法］汪德迈（Léon Vandermeersch）　王　宁　程正民

［法］白乐桑（Joël Bellassen）　陈越光　李国英　李正荣

［法］金丝燕　王邦维　董晓萍　王一川　周　宪　赵白生

［英］白馥兰（Francesca Bray）［法］劳格文（John Lagerwey）

［爱沙尼亚］于鲁·瓦尔克（Ülo Valk）　［日］尾崎文昭

序 言

跨文化学导论，以多元、多学科、多语种为架构，以“多”组合的“跨”为研究平台，将理论研究与扎实的个案研究相结合，整体形成“跨文化学导论”丛书。

参与这一理论架构的每一位学者，都是各自学科的代表。他们在跨文化学的平台上，参加学科建设，写各自“导论”，这符合跨文化研究新学科的要求，此前并无先例。

跨文化学的学科发生地在中国，这是必然的。几十年前，跨文化研究活动已在中国大地兴起，在北京大学和南京大学开拓，在北京师范大学发展，经过坚持不懈的努力，直至今天，已打下一定的基础。

跨文化学的学科建设有三个维度：

一是研究维度。建立跨文化研究的国际化网络，定方向、定点、定期、定人、定主题，铺设跨文化研究的理论框架。

二是教学维度。建立跨文化多点式的国际化教育基地，举办跨文化学研究国际暑期学校、创设高端博士生研修课程，联合培养硕士和博士，加强高级访问学者、青年教师和博、硕研究生的交流。

三是出版维度。已有五条轴线：

※ 中法合作学术期刊《跨文化对话》

（乐黛云、[法]李比雄主编）

※ 中法合作“远近丛书”

（乐黛云、金丝燕、董晓萍主编）

※ 中法合作“跨文化研究平台”丛书

（乐黛云、金丝燕、董晓萍主编）

※ 教育部人文社科重点研究基地十三五规划重大项目综合性研究成果

“跨文化研究”系列丛书

※ 教育部人文社科重点研究基地重大项目综合性研究成果

“跨文化学导论”丛书

（金丝燕、董晓萍主编）

方法论是跨文化学的聚焦点，也是一种思想原则，包括“跨文化性”“文化转场”与“跨文化对话”。

专业研究的精微、思想创新的引领，是跨文化学的灵魂。老一代学者已经留下经典。

超越文本的单语化，尽量多语化，至少双语化。

国际性是跨文化学产生影响的方式。

跨文化学的工作目标，既为今天和明天，也为长时段的历史研究提供当时已经书写而非追述的学术文献。

2021 年 1 月 30 日

目　录

插图目录

43–44)。左栏是叙事歌异文的代码。表头数字表示叙事歌的 12 种要素；字母代码表示异文或这些要素修订后的形态；左列逐一列出要素修订情况。此为一般正常排列，并未建构复杂谱系。 ‖ 95

图 7. 用图表网格编制史诗故事类型数据，引自傅罗格研究《卡勒瓦拉》博士学位论文中采用的 400 首诗歌样本编制（尚待出版）。已存入《卡勒瓦拉》史诗语料库，可由表演者性别和仪式专家提塔贯的专题目录查询保存。A 表示史诗中三个“行为”的场景或部分场景的诗句（未修订）数量，A–I 按表演顺序，还可查询史诗叙事中的主人公姓名、性别、数据来源年份、叙事歌的长度等，这种方法可以用作一种分析工具（傅罗格，2010）。 ‖ 101

图 8. 异文谱系树形图（可与《图 2. 异文关系树形图》比较）（傅罗格重绘，2013b: 21）。 ‖ 102

图 9. 异文特征层级结构的抽象模型，已增加远距离重构异文的个案。这种方法可用作分析工具，但它只能提供一般性的解释，具体解释未必完全准确（傅罗格重绘，2013a: 117）。 ‖ 104

图 10. 民族志文化光谱示意图。时间是一个流动的连

续体，不同时期或不同时代的多元化传统沉积在民族文化的底层。它们与民族文化核心部分存在着不同程度的对比关系（傅罗格，2013b: 124）。 ‖ 143

前言

2018年夏天，我从芬兰赫尔辛基飞往北京，应邀为北京师范大学跨文化学研究生国际课程班授课。原讲稿以拙著《历史地理研究法的反思与更新》为底本撰写[1]，此著所面对的对象，主要是欧美国家的英文读者。而在北京师范大学的讲学，重点阐释芬兰学派的历史与当代发展趋势，讲稿的题目改为《民俗学的“芬兰学派”：理论与方法，从兴起到当代趋势》（The ‘Finnish School’ of Folklore Studies Methods and Theories from Their Origins to Current Trajectories）。这次北京之旅，让我首次踏上了中国这块闻名欧洲的古老文明的土地，也第一次接受

[1] Frog. 2013b. “Revisiting the Historical-Geographic Method(s)” . In Lukin et al. 2013: 18–34.

了中欧学者合作建设跨文化学新学科的新信息。在中国，民俗学与跨文化学相结合，加强了民俗学与国内外相邻学科的联系，提升了民俗学在现代社会条件下的国际化程度，他们还将这种理念贯彻到学术研究和大学教育活动中去。

返回赫尔辛基大学后，在修改讲稿的过程中，我吸收了董晓萍教授的意见，对芬兰学派发展过程中与德、法、俄罗斯和爱沙尼亚等国民俗学派的关系，补充了历史资料，增加了理论分析。现将书名改为《跨文化学的芬兰学派》，这应该是一次“跨文化”交流的结果。

非常感谢董晓萍教授慷慨应允翻译此书，并为之花费了很多时间和精力。马磊副教授曾在我赴北京授课时担任现场口译，借此机会一并致谢。

FROG

傅罗格

Frog

2019 年 3 月 12 日于赫尔辛基

绪　论

芬兰民俗学的研究，至20世纪上半叶，一直都被历史化的研究方法所主导。民俗学的各个分支的研究也都要从历史研究做起，无一例外。这段局面的形成，与盛极一时的“历史地理研究法”（the Historical-Geographic Method）有关。尽管后来人们对它的“历史”的提法充满了国际争议，也对它的“地理”提法有各种指责，但当时它就是庞然大物，没人能撼动它的权威地位。在芬兰民俗学者中，也有人曾采用过其他研究方法，但也还是笼罩在“历史地理研究法”的“光环”下不得施展。历史地理研究法是一种基于文本的比较研究，芬兰民俗学也因此出身于“比较”。它从一开始就涉及多元民俗，但它的起步又是欧洲一元论的，后来在很长一段时间内也未能跨出一元，这就使它在理论和研究方法上都有局限性。

在芬兰，历史地理研究法的雏形出现于19世纪后期，原为语文学的一个分支。早期芬兰语文学的范围很大，把历史学、语言学、文学、民俗学都包括在内。历史地理研究法出现后，以其非同凡响的气象和鲜明的特色，超越语文学，获得了新的认同。它并非单一的研究法，而是以“方法”的形式，综合了理论、方法、人文科学研究的一些基本问题和具体对象进行了一次总体性建构。[1]当然，它以“方法”的形式出现，也很容易被程式化。

最早为历史地理研究法命名的，是芬兰早期民俗学家卡尔·科隆（Karle Krohn）。1926年，在《民俗学研究方法》一书中，他提出了“历史地理研究法”的概念，对其内涵进行了全面阐释，并由此提出民俗学的理论体系。卡尔·科隆对民俗学的整体构想，即包括定义、理论、方法、表述规则和一些有针对性的具体问题等，其中的核心部分，就是使用历史地理研究法。他的民俗学思想也是通过使用历史地理研究法呈现出来。

---

[1] Georges, Robert A. 1986. “The Pervasiveness in Contemporary Folklore Studies of Assumptions, Concepts, and Constructs Usually Associated with the Historic-Geographic Method”. In Dégh 1986a: P88.

历史地理研究法一度备受青睐，是有一定深刻的社会原因的。20 世纪 20 年代，芬兰民俗学中的教条主义占了上峰。历史地理研究法的出现，让民俗学者看到了理论建设的新曙光，也看见了民俗学对于重构社会意识形态的象征意义。在当时的社会背景下，芬兰人民争取民族独立解放，争取反法西斯阵线的胜利，这对两者都是迫切需要的。

进入 20 世纪 60 年代之后，人文科学研究的方法产生了革命，芬兰民俗学采用的历史地理研究法随之降温。这时的民俗学希望重塑形象，洗涤历史地理研究法带来的“原罪”。然而，在批判退潮后，学界思潮又发生了转变，人们便不能不冷静下来思考，民俗学的本质到底是什么？芬兰民俗学派的特点究竟是什么？兜兜转转，又回到历史地理研究法上来了。

有人宣告“历史地理研究法已经死了”。芬兰民俗学一度消沉，但是，准确地说，这只是一场俄狄浦尔式的过渡仪礼[1]。琳达 · 德格（Linda Dégh）在 30 年前就观

---

[1] Honko, Lauri. 1979a. “A Hundred Years of Finnish Folklore Research: A Reappraisal” . *Folklore* 90(2): 141–152.

察到，“在当时学术思潮的压力下，历史地理研究法开始向内收缩，但其核心部分还在，一些基本成分，如工具概念、分析框架、抽象化过程和研究技术等，仍被保留下来[1]。在一定温度下，它还曾开过花、结过果，被某些研究项目所采纳”[2]，它的生命力还在延续。罗伯特·乔治（Robert A. Georges）甚至提出，要对当年对历史地理研究法下“死亡通知”的所有手续都复查一遍，对讣告、悼念仪式、“临终”祷词和验明正身的报告都重新审查。我们从一开始就知道，历史地理研究法并非单一研究法，我们也知道，历史地理研究法并非一成不变，但这种事实竟被有意无意地视而不见。民俗学者应该反思，为什么会发生这种错误？[3]

---

[1] Dégh, Linda. 1986a. The Comparative Method in Folklore. Special issue of Joutnal of Folklore Research 23(2–3) : 88.

[2] Georges, Robert A. 1986. “The Pervasiveness in Contemporary Folklore Studies of Assumptions, Concepts, and Constructs Usually Associated with the Historic-Geographic Method” . In Dégh 1986a: 87–103. Georges, Robert A. 1986. “The Pervasiveness in Contemporary Folklore Studies of Assumptions, Concepts, and Constructs Usually Associated with the Historic-Geographic Method” . In Dégh 1986a: 87–103.

[3] Georges, Robert A. 1986. “The Pervasiveness in Contemporary Folklore Studies of Assumptions, Concepts, and Constructs Usually Associated with the Historic-Geographic Method” . In Dégh 1986a: 88.

芬兰民俗学者最初接触历史地理研究法是在19世纪末。后来，它的提炼、成熟、流行、怒放，一路顺畅。至20世纪20年代上升为“经典”，芬兰民俗学界都乐观其成。❶不是完全没有争议，但主流是拥护。琳达·德格说，从历史地理研究法上，我们能看到一种事物的两面。❷正是在这种历史条件下，它成为一个想象民俗的代名词，一份早期研究范式的遗产，一种不抢救就消失的文化遗留物。❸阿兰·邓迪斯（Alan Dundes）曾提出批评道，历史地理研究法是芬兰民俗学的“隐患”，积重难返，迟早走到病入膏肓的地步。❹但不无讽刺的是，他的预测没有兑现。历史地理研究法在相当长的一段时间内一直都在健康发展。其整合性和精密度都在相应地提高。

---

❶ Krohn, Kaarle. 1926. Die folkloristischeArbeits-methode: Begründet von Julius Krohn und weitergeführt von nordischenForschern. Oslo: Aschehoug.

❷ Dégh, Linda. 1986b. “Introduction” . In Dégh 1986a: 77–85.

❸ Anttonen, Pertti. 2005. *Tradition through Modernity: Postmodernism and the Nation-State in Folklore Scholarship*. Studia Fennica Folkloristica 15. Helsinki: Finnish Literature Society. Hafstein, Valdimar Tr. 2018. *Making Intangible Heritage: El Condor Pasa and Other Stories from UNESCO*. Bloomington: Indiana University Press.

❹ Dundes, Alan. 1969. “The Devolutionary Premise in Folklore Theory” . *Journal of the Folklore Institute* 6(1): 5–19.

芬兰民俗学者经过不懈的努力，对它的传统模式加以继承和发展[1]，至20世纪前半叶，它已不再是静态的研究体系，而是一个动态的研究系统。它的定义、理论、方法和有针对性的问题部分，一直在做调整和更新。外界对芬兰民俗学的种种“过时”或“作废”的说法都不够切实，也有些过分。从学术史上看，与其说芬兰民俗学已经崩溃，不如说它已经自觉地转型。

一、学科的形成与成套方法

讨论民俗学的学科建设，应该对一些欧洲国家进行整体观察。德国民俗学就比芬兰民俗学起步更早，德国民俗学者还就建设“民俗科学”（science of folklore）开展过

---

[1] Krohn, Julius. 1883. *Suomalaisenkirjallisuudenhistoria, Ensimäinenosa: Kalevala*. Helsinki: SuomalaisenKirjallisuudenSeura. Krohn, Kaarle. 1903–1910. *Kalevalanrunojenhistoria*. Helsinki: SuomalaisenKirjallisuudenSeura. Wilson, William A. 1976. *Folklore and Nationalism in Modern Finland*. Bloomington: Indiana University Press:70–74.A Anttonen, Pertti. 2005. *Tradition through Modernity: Postmodernism and the Nation-State in Folklore Scholarship*. Studia Fennica Folkloristica 15. Helsinki: Finnish Literature Society.: 48–51.

讨论。[1] 在英国，由过姆（George Laurence Gomme）领衔，产生过英国学派（British scholarship）。[2] 英国民俗学与德国民俗学之间也有呼应，1885 年，英国民俗学者还提出过建设方法论的问题。[3] 过姆本人还出版过《民俗学作为一门历史科学》的著作。[4] 不过，他也认为，民俗学的方法是泰勒（Edward Taylor）“文化遗留物”学说基础上建立起来的。可惜英国学派最终也没有提出自己的方法，也失去了把民俗学建成学科的机会。[5] 对芬兰民俗学而言，它的国际地位，它的学科制度化，它的理论与方法论，在整个形成过程中，历史地理研究法都起到奠基石作用。阿彻·泰勒（Archer Taylor）认为：

芬兰学者早已开始使用整体原则，研究传统材

---

❶ Reichl, W.H. 1862. “Die VolkskundealsWissenschaft: Ein Vortrag. In W.H. Reichl, *CulturstudienausdreiJahrhunderten*. Stuttgart: J.G. Cotta’ scher Verlag. Pp. 205–229.

❷ see the discussion in *The Folk-Lore Journal* from 1884–1886.

❸ Gomme, G.L. 1885. “The Science of Folk-Lore” . *The Folk-Lore Journal* 3(1): 1–16.

❹ Gomme, G.L. 1908. *Folklore as an Historical Science*. London: Methuen & Co.

❺ Dorson, Richard M. 1961. “Folklore Studies in England” . *Journal of American Folklore* 74(294): 302–312.

> 料，……并将之程式化，还形成一系列的规则，……这对以往分散的、孤立的研究方法，是极大的改进。[1]

阿彻·泰勒的话不无道理。虽然我们还不能说，在芬兰产生历史地理研究法，就等于完成了国际化。事实上，历史地理研究法的国际传播也并不顺利，但反过来看，也可能需要这样解释：即历史地理研究法是有推向国际的潜力的，但也因环境的不同，文化的差异，而产生不同的推广结果。

对历史地理研究法的另一个关注点是它的成套系统。该系统在芬兰民俗学界保留至今。其中，它的精华部分，已被反复提炼和提升；它的问题部分，已被剔除和淘汰；它的局限部分，已经过解构和重组，改变了旧功能，发掘了继续发展的新潜能，有些分支还孵化出新的理论和方法，芬兰民俗学者为之付出了几代人的努力。外界只有全面了解芬兰民俗学史，才能了解历史地理研究法的这些变化，

---

[1] Taylor, Archer. 1928. “Precursors of the Finnish Method of Folk-Lore Study” . *Modern Philology* 25(4): 481.

在以下几章中，我将使用较多的篇幅，阐述历史地理研究法的学术背景，分析它的结构，剖析它的成分，讨论它所解决的问题，为众说纷纭的过往提供一个史实的基础，也对认识芬兰民俗学的创新发展提供一种参考。

二、历史地理研究法

对历史地理研究法与芬兰民俗学关系的界定，有狭义和广义两种表述。狭义表述，直呼为“历史地理研究法”（Historical-Geographic Method）；广义表述，称为“芬兰方法”（Finnish Method），或者“芬兰学派”（Finnish School），还有其他一些说法。长期以来，这些表述被置于不同的语境中，又混合了其他意义，缺乏整体界定。

实际上，芬兰民俗学者本身，乃至几代人，对使用历史地理研究法的概念都小心翼翼，有时还自觉不自觉地对之保持距离。他们从未放弃这个概念，但他们还是会在关注其他民俗学同行的研究中，或者会在讨论其他学科的发展时，谨慎地使用这个概念。对其他国家民俗学者提出的新方法和新术语，他们也会学习，有时还会采纳。[1] 芬兰学者的这些变化，也许在外界看来很细微，未必给予关注，也未必了解。

外界长期沿用“历史地理研究法”“芬兰学派”和“芬兰方法”的提法，但在芬兰民俗学界内部已有很大的变化。对这些概念的阐释，芬兰民俗学经过理论上发展，以及与其他相邻学科开展交叉研究，已经更新换代。[2] 有些学者针对历史地理研究法发表过激烈的言论，出版过反对的著述，现在反而殊途同归。经过几十年的时间，现在已有很多学者成为历史地理研究法的同路人，代表人物有：卡尔·冯·西多（Carl von Sydow）、劳里·航克（Lauri Honko）、琳达·德格和安德鲁·瓦斯尊一

---

[1] 参见本书《第三章 当代芬兰民俗学》之“第一节 理论框架”。

[2] Dundes, Alan. 1982. “The Symbolic Equivalence of Allomotifs in the Rabbit-Herd (AT 570)” . *Arv: Scandinavian Yearbook of Folklore* 36: 91–98. Goldberg, Christine. 1997. *The Tale of the Three Oranges*. FF Communications 263. Helsinki: SuomalainenTiedeakatemia. Mieder, Wolfgang. 2009. “ ‘VieleWegeführenzur Globalisierung’ : Zur Übersetzung und Verbreitungangloamerikanischer Sprichtwörter in Europa” . *In Erzählkultur: Beiträgezurkulturwissenschaftlich enErzählforschung: Hans-Jörg Uther zum 65. Geburtstag*. Ed. Rolf Wilhelm Brednich. Berlin: de Gruyter. Pp. 443–462. Wolf-Knuts, Ulrika. 2000. “On the History of Comparison in Folklore Studies” . In *Thick Corpus, Organic Variation and Textuality in Oral Tradition*. Ed. Lauri Honko. Studia Fennica Folkloristica 7. Helsinki: Finnish Literature Society. Pp. 254–283.

(Andrew Vaszónyi)。[1]

三、芬兰民俗学派

前文提到，在20世纪的下半叶，国际人文科学的研究方法发生了巨大变化。而在芬兰发生的相应变化是：对以比较为范式的历史地理研究法的使用产生分歧。一些民俗学者认为，经典民俗学的历史地理研究法，与当代的民俗学研究法，两者之间缺乏连续性，因此对民俗学的研究对象，要发现其差异性，而不是夸张其同质性和描述其传承的连续性。[2]也有的民俗学者认为，“芬兰学派”是个政治标签，其学术活动隐含着一个政治目标，就是将民俗学与国家民族主义捆绑在一起，给民俗学赋予政治能量。不过，从芬兰民俗学史的整体看，其与别国民俗学的不同之处，还是历史地理研究法，在使用此

---

[1] Noyes, Dorothy. 2012. “The Social Base of Folklore”. In *A Companion to Folklore*. Ed. Regina F. Bendix &Galit Hasan-Rokem. Hoboken: Wiley-Blackwell. P.23.

[2] Honko, Lauri. 1979a. “A Hundred Years of Finnish Folklore Research: A Reappraisal”. *Folklore* 90(2): 149–152.

法研究民俗所长期使用的概念和相关术语上，确实带有连续性，具体包括以下五点：

1）连续使用比较研究法

2）连续使用广义资料系统[1]

3）连续在此资料系统中主攻档案文献

4）连续开展对口头艺术、口头叙事、神话和信仰的研究

5）连续关注历史地理研究法的理论与方法

也许这五点还不能全部概括芬兰民俗学派的特点，但大多数芬兰民俗学者都应该会在某领域的研究中，在上述特点的某一点或某几点中，表现出这些特点。其中比较突出的特点，就是他们从大学教育起就被共同灌输

---

[1] Anttonen, Pertti. 2005. *Tradition through Modernity: Postmodernism and the Nation-State in Folklore Scholarship*. Studia Fennica Folkloristica 15. Helsinki: Finnish Literature Society. Haapoja-Mäkelä, Hiedi, Eila Stepanova & Lotte Tarkka. 2018. "The Kalevala's Languages: Receptions, Myths, and Ideologies". *Journal of Finnish Studies* 21(1–2). Wilson, William A. 1976. *Folklore and Nationalism in Modern Finland*. Bloomington: Indiana University Press.

的东西，以及从数不胜数的民俗学讨论中总结出来的东西，因而芬兰民俗学派的基本特征就被裹挟在这些让外界耳熟能详的表述之中，不断呈现，延续至今，带有共性。

芬兰民俗学派的故事很复杂，有曲折，有戏剧性，有冲突，还有团团迷雾，外面有些看不透，据此将之笼而统之地归为“学派”，赋予集体性、同质化的品质，恐怕未免牵强。历史地理研究法高高在上，也给芬兰民俗学增加了与生俱来的压力。当年他们在强势发展时忽略了这种压力，把压力造成的负面影响掩饰起来。外界也对芬兰民俗学派的能力加以夸张的评价，却低估了这种负面影响对芬兰民俗学施加的反作用。

历史地理研究法的创造与传播，不是人人参与的民主运动，而是学者个体的能动性、积极性和创造力的结果。芬兰民俗学的历史也远不止一两个相似情节单元的组合，而是可以被形容为史诗。在这部史诗中，英雄辈出、壮举非凡，创造历史。学者的个体和群体，其治学倾向、人生经历和社会行为也许有不同的动机，学者之间也会有各种矛盾，宏大史诗的背后也许有让人意想不到的诸多情景：例如，原以为是独立创造，实际是两人对话的结果；接连的创新或系列的改革，竟出自某个事故；偶然现象的背景反而更复杂；特立独行反而招致群体响应；意外损失可能带来一线生机或新生，乃至倒转乾坤。这些因素分开来看，不会引人深思，或者干脆不以为然，但也正是它们，对于展现芬兰民俗学大有裨益。它们帮助外界了解芬兰民俗学派的历史，认识芬兰民俗学派的转型，发现芬兰民俗学派的贡献，自愿铭记那些早期取得卓越学术成就，并曾激励和影响他人的芬兰民俗学巨匠们。

第一章

芬兰民俗学简史

从学者的角度和知识的角度观察欧洲范围内的芬兰民俗学史，还要审视 20 世纪的欧洲知识分子运动。对芬兰民俗学而言，这也是一个有强大参考性的、阐释性的和学科指导性的框架。在这个框架下，政治史被纳入芬兰民俗学的理论中，用以阐释民俗传播中的社会事件或社会发展状况。受这场运动的影响，芬兰民俗学的研究，从民俗文献转向地缘政治。其他因素也会被考虑，但所做出的阐释往往会拐到某种偶然结论上去。现在需要我们思考的是，在欧洲知识分子运动的历史背景下，芬兰民俗学关注了哪些基本问题？曾提出哪些理论框架性的阐释？以及怎样去认识这些当时呈现给学术界的这些阐释和相关的基本问题。

第一节 芬兰民俗学诞生的背景

芬兰语族包括：芬兰语、卡累利阿语、伊佐林语、维斯语、维特克语、爱沙尼亚语、利沃尼亚语和塞托语，是一个复杂的系统。这个系统中，有些语言至今还在芬兰本土使用，同时也在爱沙尼亚、苏联时期的俄罗斯境内和毗邻国家与地区流传。

一、地缘政治边界

瑞典中世纪开始对外扩张，芬兰语族系携带着上述语种推行基督教。芬兰在斯堪的纳维亚与俄罗斯之间出出进进，在双方领土边界与语言成分上变来变去。瑞典大公国成立后，诺夫哥罗德崛起（后划归俄罗斯）。1323年，瑞典与俄罗斯缔结诺特堡条约，又将一部分芬兰领土收入囊中。这些领土自古以来就属于芬兰，讲芬兰语，世代居住着芬兰人。这种领土归并的结果完全是一种地缘政治行为，根本不顾及芬兰的历史，不管芬兰人的意愿和感受。

这次归并的方法是，从芬兰原国土中切出的一块，由瑞典大公国在此重新划界，将其收入帐下[1]，这条新边界就是政治地理边界，而不是历史地理边界。它在长达几个世纪的时间里，横亘在芬兰的大地上，与原生态的家园骨肉分离。怎奈这又是一条并不寻常的边界，它穿越卡累利阿境内和卡雷利阿语区，长期拥有本地文化，使用本地语言。信仰基督教，也有本地信仰。后来瑞典文化渗透到本地文化中，增加了不同的文化成分。16世纪中叶，西方宗教改革，利用大众语言传播基督教，又使本地文化中的芬兰书面语得到了发展。[2]但在地缘政治的背景下，语言与文化交叉影响，芬兰文化与瑞典文化互相渗透，逐步整合为“一种宗教、一种语言、一种法律与一种道德”的社会意识形态。[3]

---

[1] Ahola, Joonas. 2014a. “Åland and the Poetic Image of an Island in Kalevalaic Epic” . Frog.2014a. “From Mythology to Identity and Imaginal Experience: An Exploratory Approach to the Symbolic Matrix in Viking Age Åland” . In Ahola et al. 2014b: 349–414.

[2] Frog.2014a. “From Mythology to Identity and Imaginal Experience: An Exploratory Approach to the Symbolic Matrix in Viking Age Åland” . In Ahola et al. 2014b: 349–414.

[3] Wilson, William A. 1976. *Folklore and Nationalism in Modern Finland*. Bloomington: Indiana University Press: 4–5.

二、编写国家历史

1630年，瑞典国王要求根据瑞典版图编纂瑞典王国史书，把所有“历史上的古物”制成文献，用以证明瑞典王国的辉煌历史。❶此举也并非瑞典的发明，此前在英国就发生过。当时英国弥漫着怀旧风潮，社会各阶层迷恋古董，用一些说不清国别和族属的文物构建自我历史与法定现实之间的认同。这是一种早期殖民性精神构建，不能在后来国家合法性的层面解读❷，而当时的地缘政治概念却使其冠冕堂皇。瑞典在这次整合中，剥夺了芬兰的历史文献，组成了瑞典的新文化资料。❸卡累利阿划

---

❶ Wilson, William A. 1976. *Folklore and Nationalism in Modern Finland*. Bloomington: Indiana University Press.: 4–6. Klein, Barbro. 2006. “Cultural Heritage, the Swedish Folklife Sphere, and the Others”. *Cultural Analysis* 5: 58.

❷ Dorson, Richard M. 1968. *History of British Folklore I: British Folklorists: A History*. London & New York: Routledge: ch. 1. de Caro, Frank. 2018. “Herder, the Grimm Brothers and Richard Dorson’s Antiquarians: A New Look”. Unpublished paper presented at the American Folklore Society’s Annual Meeting held 17th–20th October 2018, Buffalo, New York.

❸ Hautala, Jouko. 1954. *Suomalainenkansanrunoudentutkimus*. Helsinki: SuomalaisenKirjallisuudenSeura: 34ff. Wilson, William A. 1976. *Folklore and Nationalism in Modern Finland*. Bloomington: Indiana University Press.:

归俄罗斯，从俄罗斯的地理位置看，卡雷利亚偏靠欧洲，而 19 世纪欧洲边缘无人问津，如同荒漠的西伯利亚。[1]俄罗斯大公国对搜集新文化资源起初并不积极，后来才产生兴趣，但俄罗斯搜集民俗资料的目的是构建国家的历史遗产。将俄国的做法与英国和瑞典的不讲国家合法性的文化项目相比，是两个完全不同的方向。[2]

18 世纪欧洲知识环境发生了根本性的变化。民歌与神话被当作表达人民精神世界的作品，拥有无以伦比的美学形式，被提高到前所未有的历史地位。希腊罗马的古典诗学和美学跌落神坛，失去了支配权。[3]欧洲浪漫主义文学运动和启蒙思想运动兴起后，民俗文本的地位

9–15. Siikala Jukka. 2006. “The Ethnography of Finland” . *Annual Review of Anthropology* 35: 159.

[1] Pentikäinen, Juha. 1978. *Oral Repertoire and World View: An Anthropological Study of Marina Takalo's Life History*. FF Communications 219. Helsinki: SuomalainenTiedeakatemia.P100–101.

[2] Ahola, Joonas,&Karina Lukin. 2018 (forthcoming). “Castrén Lectures on Finnish Mythology Revisited” . *RMN Neswsletter*14.

[3] Lowth, Robert. 1753. *De sacra poesiHebræorum: Prælectiones academic Oxoniihabitæ a Roberto Lowth A.M. collegiinovinuper socio, et poeticæ public prælectore: Subjiciturmetricaeharianae brevis confutatio et oratiocrewiana.* Oxonius: Clarendonia.

继续上升，而且成为一种新思想的载体[1]，受到知识界的日益重视。亨里克斯·加布里埃尔·波尔坦（Henricus Gabriel Porthan）指出，这种新思想很快到达芬兰[2]，并在芬兰推进，促进芬兰民俗界对芬诺—卡累利阿民歌开展早期研究。他们的方法是，把相同主题的民歌异文搜集起来，编写为一部作品。[3]他们还在当地振兴这种民歌。在这之后，亨里克斯·加布里埃尔·波尔坦的学生撰写了多篇研究卡累利阿民歌与神话的博士学位论文，这都属当时的新思想的产物。[4]

1809年，在俄芬战争中，芬兰战败，芬兰领土全部被划归俄罗斯，芬兰成为俄罗斯帝国管辖的一个大公国，这同样是一种地缘政治的后果。在瑞典统治时期，一批

---

❶ See also Frog. 2018a. “An Eighteenth-Century Origin of Modern Metrical Studies? – or – Robert Lowth as a Pioneer of Ethnopoetics”. *Nordmetrik News* 1: 5–14.

❷ Porthan, Henricus Gabriel. 1766–1768, 1778. *Disserttationis de poësi Fennica*. Åbo: Joh. Christoph. Frenckell.

❸ Wilson, William A. 1976. *Folklore and Nationalism in Modern Finland*. Bloomington: Indiana University Press.P 22

❹ Hautala, Jouko. 1969. *Finnish Folklore Research 1828–1918*. Helsinki: SocietasScientiarum Fennica.P 62–87; Wilson, William A. 1976. *Folklore and Nationalism in Modern Finland*. Bloomington: Indiana University Press.P 15–26

芬兰精英接受了良好的瑞典高等教育，成为会讲瑞典语的教授。他们也曾将芬兰文化融入瑞典文化中，并且产生了新的认同感。在欧洲浪漫文学主义运动中，这批芬兰学者开始反思，什么是区别于瑞典语和俄罗斯语的自我语言？答案当然是芬兰语。什么是区别与瑞典文化与俄罗斯文化的自我文化？答案当然是芬兰民俗，于是在他们的心目中，芬兰民俗成为芬兰民族精神认同的潜在工具。

三、卡累利阿走廊

俄罗斯治下的芬兰是一个大公国（1809—1917），但芬兰还是保留了自我的东西，包括人口与法律。此外，在归属俄罗斯之后，瑞典的影响力削弱，俄罗斯的影响力增加。芬兰高校也改说俄语，不说瑞典语，这也使芬兰人的思想产生变化。虽然还不乏政治动荡，反压迫、罢工，暴力对抗也时有发生[1]，但在划归俄罗斯后，芬

[1] See also Wilson, William A. 1976. *Folklore and Nationalism in Modern Finland*. Bloomington: Indiana University Press. Virtanen, Matti. 2002. *Fennomanianperilliset: Poliittisettraditiotjaskupolviendynamiikka*. Helsinki:

俄之间的边界也打通了。在讲俄语的卡累利阿地区与芬兰本土的通道上，商队络绎不绝。商人在沿途搜集了大量口头诗歌（oral poetry）和神话史诗，并保存了这些资料。与此不同的是，芬兰的路德教民俗与卡累利阿俄语区的东正教民俗，还有很多非基督教的史诗、民歌和神话，都因缺乏文化交流的过程则消失很快。如果当时就有民俗文献搜集和保护项目，像亨利卡斯·加布里埃尔·波尔坦带领学生做过的那种，哪怕只有一个，也可能是另一种结局，所以如何理解“一种语言，一种文化，一种民族”的社会意识形态”？至今仍需要深思[1]，当然这在今天都是后话了。

卡累利阿俄语区的北部一带，在那个几百年前芬兰和俄罗斯商人穿梭往来的贸易走廊，商人搜集民俗的活动也刺激了当地民歌与神话的发展，现在那里已成为民歌的圣地，被称为芬兰的“维也纳”。当年伊利亚斯·隆

Suomalaisen Kirjallisuuden Seura. Anttonen, Pertti. 2005. *Tradition through Modernity: Postmodernism and the Nation-State in Folklore Scholarship*. Studia Fennica Folkloristica 15. Helsinki: Finnish Literature Society.

[1] See also Haapoja-Mäkelä, Hiedi, Eila Stepanova & Lotte Tarkka. 2018. “The Kalevala’s Languages: Receptions, Myths, and Ideologies”. *Journal of Finnish Studies* 21(1–2): 15–45.

洛德（Elias Lönnrot) 就是在这个走廊地段，被商人的搜集活动所感染，也成为第一批搜集者[1]。他为芬兰人民创造的第一部国家史诗《卡勒瓦拉》，后世被芬兰人民视为自己的传统遗产。

第二节　伊利亚斯·隆洛德与《卡勒瓦拉》

一、创作《卡勒瓦拉》

伊利亚斯·隆洛德以自己和其他很多人收集的民歌为原型，进行二度创作，完成一部长史诗，长达12000余行，他将之命名为《卡勒瓦拉》，于1835年首次出版。这部史诗处理民俗文献的方法很快引起了连锁效应，年轻一代在伊利亚斯·隆洛德的在鼓舞下，激情四溢地投入搜集活动中，大量民歌记录本雪片似地飞来，从四面八方寄给伊利亚斯·隆洛德。他本人还在继续搜集，并

[1] Anttila, Aarne 1931–1935. *Elias Lönnrot: Elämäjatoiminta*, I–II. Helsinki: SuomalaisenKirkallisuudenSeura.

使用陆续获得的新资料，修订和补充《卡勒瓦拉》，并于1849年出版了第二版，这时史诗的长度已扩展到22000余行。他把一部像《伊利亚特》或《奥德赛》一样的英雄史诗，奉献给自己亲爱的祖国。这部史诗迅速地变成国家凝聚力的标志，并产生了极大的国际影响力。他在晚年，把个人搜集和其他热心搜集者寄给他的《卡勒瓦拉》搜集记录本，都捐赠给芬兰文学研究会（建于1831）保存，这就是我们所知道的芬兰民俗档案馆的前身。[1]

围绕《卡勒瓦拉》产生了大量衍生文本，如民歌、短谣、抒情诗、插曲、谜语、谚语和咒语等无所不有[2]，现在已发展成"《卡勒瓦拉》式"或"《卡勒瓦拉》量级的"史诗作品群。伊利亚斯·隆洛德曾用最简化的方式，把同时期流传的多样化诗歌和多地方言歌曲都吸收进来。

---

[1] 《卡勒瓦拉》最初是民歌记录本，后来被史诗程式化，关于这一过程的研究，参见 Borenius & Krohn 1891; Niemi 1898; Kaukonen 1939–1945; 1956; see also Kaukonen 1979; 相关英文著作参见 Pentikäinen,1999; Honko, 2002。Niina Hämäläinen 近年参与《卡勒瓦拉》数字化的编辑工作。

[2] (See e.g. Kuusi et al. 1977.Tarkka, Lotte. 2013[2005]. *Songs of the Border People: Genre, Intertextuality, and Metapoetry in Kalevala Metre Rune-Singing*. FF Communications. Helsinki: Academia Scientiarum Fennica.

他摆脱原作品的差异性，重编故事，创造新人物。他将不同的体裁化为整首史诗，史诗人物的讲话仿佛都从他那部史诗直接发声。他还把自编故事中的新人物叙事都增加了长度，将史诗尽可能地拉长，制造更复杂的叙事和完整叙事。这种诗体形式的文本包容性很强，具有旺盛的再生力，相关作品茂盛滋荣，不绝如缕。

二、研究《卡勒瓦拉》

伊利亚斯·隆洛德不但是一位热心的搜集者，同时也是一位学者，他以《卡勒瓦拉》史诗中的神话人物“万奈摩宁”（Väinämöinen）为对象，撰写了博士学位论文（1827），开展史诗与神话关系的研究。用今天的标准看，他做的是广义神话比较研究[1]，他的研究方法略嫌直观和肤浅，但用约纳斯·阿霍拉（Joonas Ahola）和卡里娜·卢金（Karina Lukin）的评价说，正是伊利亚斯·隆洛德的

[1] Lönnrot, Elias. 1990[1839]. “Alkuluomisesta” . In Elias Lönnrot, *Valitutteokset II: Mehiläinen*. Helsinki: SuomalaisenKirjallisuudenSeura. Pp. 557–560

这个首创，出现了“神话艺术”的概念。[1]由伊利亚斯·隆洛德的研究可见，他曾受到弗里德里希·奥古斯特·沃尔夫（Friedrich August Wolff）理论的影响，也许是从沃尔夫的理论中直接获取了灵感。沃尔夫的观点是，荷马史诗有一个外循环的前提，就是说，在荷马之前，先有一个外部独立的故事，后被荷马搬进长篇史诗中，再加以组织和发展。[2]伊利亚斯·隆洛德也把《卡勒瓦拉》史诗创作当作重建传统模式的过程。他用新模式改变基督教神话的影响，打造了一部文化百科全书，为自己的新兴国家服务。[3]而《卡勒瓦拉》虽被一再打磨，但还是获得了纯传统形式的美誉。自从首版《卡勒瓦拉》一举成名之后，搜集工作就掀起了热潮。芬兰的搜集者都有一种道德感，即通过记录史诗的方式，保存国家的传统文化，并将之视为公民必须履行的文化道德。他们还积极地搜集史诗中没有保存的民俗，将之记录下来，寄给民俗档案馆，但这也涉及史诗

---

❶ Ahola, Joonas,&Karina Lukin. 2018 (forthcoming). “Castrén Lectures on Finnish Mythology Revisited” . *RMN Neswsletter*14.

❷ Wolff, Friedrich August. 1795. *Prolegomena ad Homerum*.

❸ Pentikäinen, Juha 1999. *Kalevala Mythology*. Bloomington: Indiana University Press.

的真实性问题。其中，针对《卡勒瓦拉》即传统的观点，芬兰民俗学者就曾反复讨论，并就搜集方法问题展开了专门的田野调查，在这方面，投入田野调查最多的卡斯特伦（M.A. Castrén），就曾就过度搜集的现象提出很多质疑。[1]

三、评价《卡勒瓦拉》

芬兰民俗学者认为，从历史地理研究法的立场看，从围绕《卡勒瓦拉》展开的搜集工作看，伊利亚斯 · 隆洛德创作的《卡勒瓦拉》，从搜集资料到民俗文献化过程，在一定程度上，都起到重要作用。

第一，它将热心搜集者个体的搜集活动，转化为全社会群众参与的民俗文献化的工程，并且几十年来势头不减。

第二，史诗创作所使用的搜集资料转写本和注释笔

---

[1] Ahola, Joonas,&Karina Lukin 2016 "Matthias Alexander Catréninsuomalaisenmytologiantaustoja" . In M.A. Castrén, *Luoentojasuomalaisestamytologiasta*. Ed. & trans. Joonas Ahola. Helsinki: SuomalaisenKirkallisuudenSeura. Ahola, Joonas,&Karina Lukin. 2018 (forthcoming). "Castrén Lectures on Finnish Mythology Revisited" . *RMN Neswsletter*14.

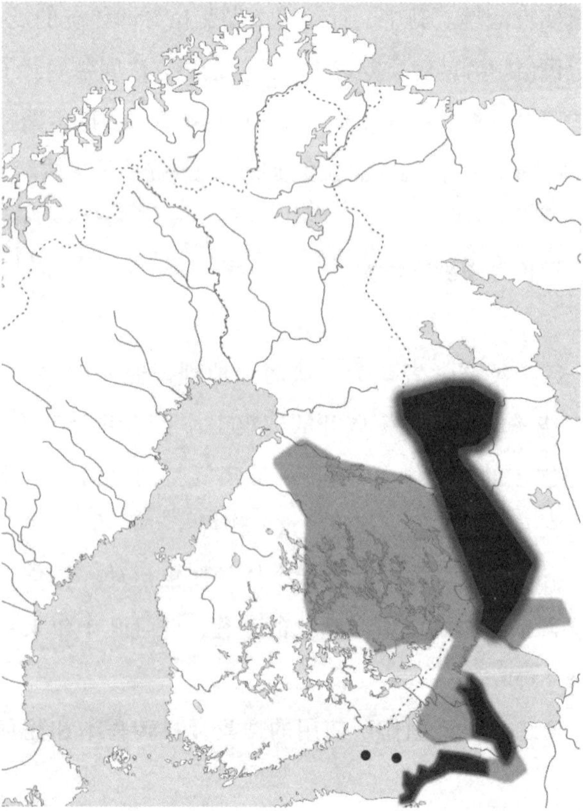

史诗地图 1．19 世纪《卡勒瓦拉》史诗流传地分布图。图中的深色阴影部分表示史诗搜集时期口头传统流传地，浅色阴影部分表示当时仍有零散民俗文献分布（Haavio,1934：15）。

记都保存下来，提供后人查询和核对。那些对搜集方法的质疑和对史诗真实性的挑战，面对这些第一手资料，也许应该考虑另一个问题，即如何考察这些作品的动态变化？民俗学者可能需要转身回看《卡勒瓦拉》史诗。正是这些锲而不舍的搜集者在关注史诗的变化，并在帮助学者提出如何处理当代史诗资料的问题。芬兰文学研究会已保存了数百万件搜集作品，其中《卡勒瓦拉》就有 15 万条以上，它们完好无损地躺在搜集人的笔记本中，保存在最早改编过的作品中。

第三，《卡勒瓦拉》改写本转向口头形式之后，提出史诗是否用芬兰语传播的问题。卡累利阿俄语区的本地人原来是用俄罗斯卡累利阿语讲唱史诗的，早期搜集者是从他们那里搜集到神话和民歌的，《卡勒瓦拉》的原创作品也是依据这些资料创作的。

我们通过《卡勒瓦拉》这部作品，回溯在历史地理研究法框架下形成的这部作品，可以看到，作者是在特定历史条件下，在特定地理环境中，完成的《卡勒瓦拉》编写本，同时对史诗中的神话和民歌等作品进行研究，再度呈现出这一研究方法的工作过程。而在运用历史地理研究法的过程中，诗歌形式是十分重要的，这基于两点：

一是从诗歌形式的变化中容易观察到异文的变化，这适合开展比较研究的工作。在19世纪至20世纪初，历史地理研究法发展得顺风顺水，正与此有关。《卡勒瓦拉》的诗歌形式，最初是50余种不同的民歌。表演时间的多少，依艺人掌握表演文本的长短而定，史诗的总长大约在75行至300行之间。在卡累利阿地区，大多数表演者使用更短的文本，大约是8行诗，每行2至4个单词，其中有2个单词重复地演唱（从和声开始）。控制时长的方法取决于重音落什么音节，由此决定该句为长句还是短句。我们观察的结果是，几乎每行诗都没有变化。在表演过程中，艺人通过重组文本或词组结构，改变叙事单元的长度（从技术上说，是在语言上对大词程式和多样化形式的处理）。

二是从诗歌表演的处理中容易观察到异文的变化。一首史诗由20行诗组成，它在表演中是被重复的和变异的[1]，这种灵活多变的表演创造了新的诗行，这与荷

---

[1] Frog.2016c. "Linguistic Multiforms in Kalevalaic Epic: Toward a Typology". *RMN Newsletter*11, special issue: *The Ecology of Metre*, ed. Ilya Sverdlov& Frog: 61–98.

马史诗和南斯拉夫南部的传统史诗是不一样的。阿尔伯特·洛德（Acbert B. Lord）的“在表演中即兴创作”和“口头程式理论”是在南斯拉夫史诗调查中提出来的[1]，不能在《卡勒瓦拉》史诗研究中套用。《卡勒瓦拉》是对假设没有变动的表演文本进行记忆性转写和再创作的产品。[2]至19世纪末，从白海至芬兰湾一带的农场与乡村中搜集到史诗文本逾百个，都进行了民俗文献化处理，曾形成大型的资料库。它们提供了史诗的传统形态，保存了史诗在村落或家庭传播中发生变异的证据。在通常情况下，一个村庄或一个家庭，在口语表达上存在某种趋同的规律，这让学者容易发现，史诗在叙事上，在诗句和诗行的序列上，有时会发生变化。某村庄或某家庭的演唱中史诗可能存在各种演唱文本，在不断传播中产生各种变异，这些变异的结果，又使其中的共同要素留

---

[1] Parry, Milman. 1928.*L'épithètetraditionnelledans Homère*. Paris: Sociétéd' Éditions “Les Belles Lettres” . Lord, Albert B. 1960. *The Singer of Tales*. Harvard Studies in Comparative Literature 24. Cambridge: Harvard University Press. Foley, John Miles. 1988. *The Theory of Oral Composition: History and Methodology*. Bloomington: Indiana University Press.

[2] Frog.2016c. “Linguistic Multiforms in Kalevalaic Epic: Toward a Typology” . *RMN Newsletter*11, special issue: *The Ecology of Metre*, ed. Ilya Sverdlov& Frog: 61–98.

传下来。❶

第三节 比较研究的方法

比较是分析性思维的工具。比较的方法出现于18世纪。它是一匹黑马，经19世纪提振，已发展为比较研究的系统方法。从广义看，比较研究的方法，考察两种或两种以上差异现象的共享模式，其常用的假设是，在某些共享模式中，可能呈现出彼此关联的文化谱系，也可能在文化对等条件下产生某种独立反映。❷现在不同文化研究的流派都使用比较研究的方法。在芬兰民俗学界，历史地理研究法的出现与发展，是对以下几种比较研究思想来源和具体方法加以吸收的结果。

---

❶ Krohn, Kaarle. 1918. Kalevalankysymyksiä: Opas Suomen kansanvanhojen runojentilaajillejakäyttäjilleynnäsuomalaisenkansanrunoudenopiskelijoilleja harrastajilleI–II. Suomalais-UgrilaisenSeuranAikakauskirja 35–36. Helsinki: Suomalais-UgrilainenSeura..

❷ Griffiths, Devin. 2017. "The Comparative Method and the History of the Modern Humanities" . *History of the Humanities* 2(2): 473–505.

一、过程性话语

话语的研究，已有很长时间的历史。19 世纪，出现精细文化研究理论，对所有文化发展的历史进程加深了考察[1]，在这期间，过程性模型成为比较思维的基本框架。随后过程模式理论应运而生，提出类型比较框架，即对文化历史进程中所反映的“相同”现象进行类型比较。它现在的变化，是将一般话语研究与文化变迁话语研究整合在一起，提升话语研究的能量。

二、历史语言学比较法

大约在 18 世纪晚期，一些学者经过对几组印欧语言关系进行考察，提出了一种假设，即在今天看似不同的印欧语言之间，在遥远的过去，可能存在过一种共同的语言〔一般归结为威廉 · 琼斯（William Jones）的贡献〕[2]。这一发现给学者们带来了强刺激，激励他们大范围内

---

[1] Comte, Auguste2009[1830–1842]. *Cours de Philosophie Positive* I–III. Paris: L’Harmattan.

[2] Jones, William. 1799[1786]. “On the Hindus” . In William Jones, *The Works*

搜索历史语源，对其发展过程进行比较研究。

大致有以下几种：

词源学的研究。此指即对某个单词进行溯源，寻找它的早期语言时代，或者是它借用别种语言的最初时期。描述相关语言进化的可见状态，可被描写为语言谱系树。一般把这个发现归因于大约半个世纪后的奥古斯特·施莱歇尔（August Schleicher）（见图 1）。

意识形态研究。语言表达文化的象征物是同时期的意识形态。语言之间的关系是文化之间的关系。对语言和文化的关系的认同，是一种遗产构建方式。例如，假设德语从拉丁语和梵语演变而来，那么在德国的历史文明、古希腊罗马文明和伟大的印度文明之间就存在共同遗产。这一研究的结果，被用来揭示表音系统中语音的历史性变化，揭示不同语言的词语关联原则。在这项研究中，雅各布·格林（Jacob German）做出了突出贡献，他将历史语言学与比较神话方法相结合[1]，把神话视为自发的民众象征性表达和浪漫的想象。

---

of Sir William Jones, I. London: Robinson. Pp. 19–34.

[1] Csapo, Eric. 2004. *Theories of Mythology*. London: Blackwell.

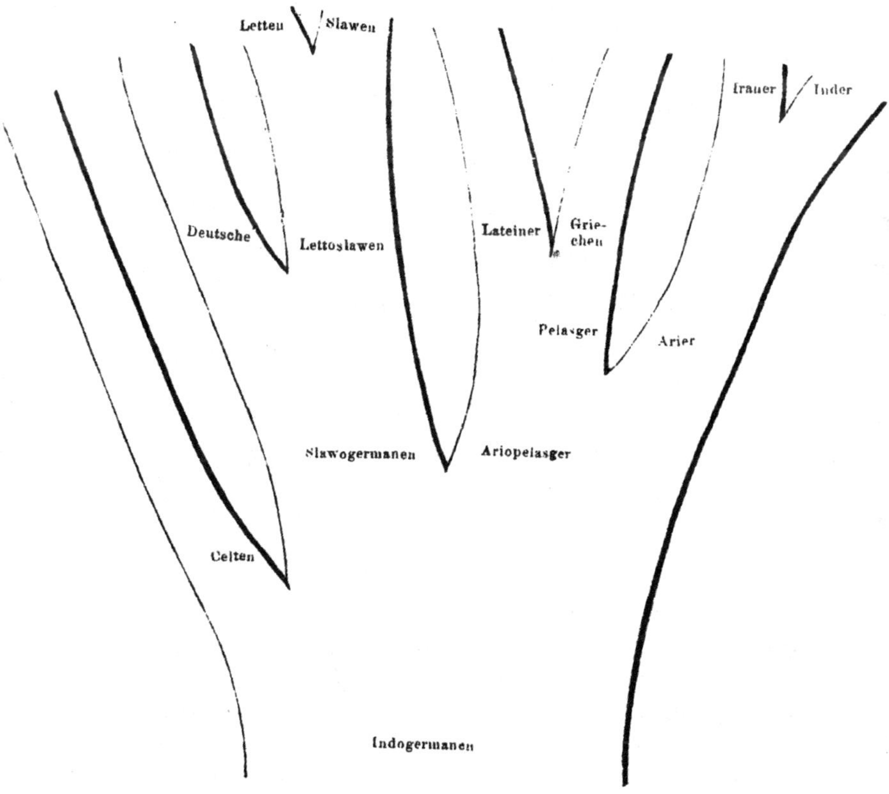

图 1. 奥古斯特·施莱歇尔（August Schleicher）的语言谱系树 (1853: 787)。

芬兰语并非印欧语系的语种，但芬兰学术界也受到历史语言学的影响。芬兰民俗学者意识到，在芬兰、瑞典和俄罗斯之间，国家历史有关联，但在语言和文化上，三者都有差异。芬兰的民俗文献化工作是芬兰语言知识的重建。伊利亚斯·隆洛德编制了一本《芬兰—瑞典语词典》[1]，令人精神振奋。他的朋友兼同事卡斯特伦（M.A. Castrén）曾对俄罗斯北部的本地人中做过大量的田野调查，构建了一个宽泛的语系家族，包括芬兰语在内，最初称为“芬兰—乌戈尔”语族（Finno-Ugric），后来又发展为包括芬兰语在内的乌拉尔语族。卡斯特伦把比较神话学和宗教学的研究结合在一起，做出了自己的贡献。[2]

---

[1] Lönnrot, Elias. 1880. *Kalevala*.Helsinki: Suomalaisen Kirjallisuuden Seura. Ganander 1787 [1997]. *Nyttfinskt lexicon*. Ed. LiisaNuutinen. Helsinki:SuomalaisenKirjallisuudenSeura. Ganander, Christfrid. 1789. *Mythologiafennica, ellerförklaringöfver de nomina propria deastrorum, idolorum, locorum, virorum&c. ellerafgudarochafgudinnor, forntidensmärkeligepersoner, offer och offer-ställen, gamlasedvänjor, jättar, troll, skogs- sjö- och bergs-rån m. m. somförekomma i de äldrefinska troll-runor, synnyt, sanat, sadut, arwotuxet&c. samtänbrukasochnämnas i dagligttal; tilderastjenst, som vela i* grundförstådetfinskaspråket, ochhafvasmakförfinskahistorienochpoësin. Åbo.

[2] Ahola, Joonas,&Karina Lukin. 2018 (forthcoming). “Castrén Lectures on Finnish Mythology Revisited” . *RMN Neswsletter*14.

三、手稿语文学

语言学的学者最早提出语言谱系树的模型，此后，芬兰民俗学界在民俗文献化的过程中，使用这种方法，创建了手稿文献学。卡尔 · 拉克曼（Karl Lachmann）最早提出使用“词语光谱学”的方法❶，建立手稿语文学。又过了很长一段时间，保罗 · 马斯（Paul Maas）使用了他的方法，并将之程式化，使这种方法更为丰富。❷现在我们回溯这种方法的内涵和使用方式时，就会发现，它的出现是基于一种假设，即任何手稿的复制本（或多或少是机械劳动），都会在复制时出错，并由出错产生异文。此后，这些复制本被分类，划分到不同语族或关系组中去，被编辑和修订。这些异文再经过不同层级的编辑和修订，变成更多文本中的最初样本❸（见图 2)。

---

❶ Lachmann, Karl. 1830[1876]. “Rechenschaftüber L. Ausgabe des NeuenTestements” . In Karl Lachmann, *KleinereSchriften* II. Berlin: G. Reimer. Pp. 250–272.Müller-Sievers, Helmut. 2001. “Reading Evidence: Textual Criticism as Science in the Nineteenth Century” . *Germanic Review* 76(2): 162–171.

❷ Maas, Paul. 1957 1st edn 1927. *Textkritik*. 3rd edn. Leipzig: Teubner.

❸ 关于手稿文献处理的讨论，另见本书《第三章 当代芬兰民俗学》之“第一节 理论框架”。

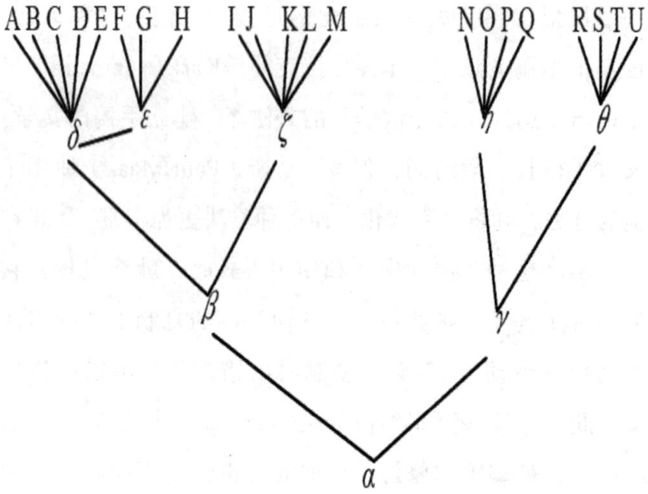

图 2. 异文关系树形图，一般采用倒树图

（傅罗格重绘，2013b: 21)。

卡尔·拉克曼认为，手稿语文学是一种研究法，也是对手稿文献化作品研究的本身。这种研究的目标，是发现手稿与复制本之间存在的一种直接的对话（据说卡尔·拉克曼与格林兄弟有直接接触）。[1]

四、物种起源与文化起源

在自然科学和人文科学之间，关于想象，双方的解释是有差异的，这在今天已成公论。但不要忘记，这是在20世纪才得到承认的知识，人们对两者加以区分的观点也在这个时期才稳定下来。[2]但是，在学术史上，人们最初对想象的兴趣，并不在文化研究上，而是在自然科学上。1859年，达尔文（Charles Darwin）出版了他的《物种起源论》[3]，几乎所有学科都受到了他的影响。达尔

---

[1] Leitzmann, Albert (ed.). 1927. Briefwechsel der Brüder Jacob und Wilhelm Grimm mit Karl Lachman I–II. Jena: Frommann.

[2] Graff, Harvey J. 2015. Undisciplining Knowledge: Interdisciplinarity in the Twentieth Century. Baltimore: Johns Hopkins University Press.

[3] Darwin, Charles. 1859 [1964]. *On the Origin of Species. A Facsimile of the First Edition with an Introduction by Ernst Mayer*. Cambridge, MA:Harvard University Press. Available at: https://archive.org/details/onoriginofspecie1859darw/page/n137.

文对不同阶段发生的物种孳生与分化过程加以想象，还于1837年编绘了抽象的生物进化路线图（见图3）。

达尔文的模式是对自然物种起源的解释。但“起源”的概念经达尔文的经典著作提出，就被广泛的利用，也直接转为文化研究中的历史遗产构建的概念与方法，并与格林兄弟语言学的方法汇合。起源论者对泰勒的“文化遗留物说”进行“合理化”解释。[1]泰勒对“文化遗留物”定义是“过程、习俗、观念等，通过习惯的力量，进入与初民社会不同的新社会状态。但它们仍是证明古代文化的例子，也在说明一种较新的现象已经进化出来”[2]。按照这种起源论的方法，史诗中的神话英雄主人公，可以经过浪漫主义的意识形态的塑造，生成史诗与神话的神奇新成分，与其最初的意义脱节，再经过进化，转变成民间故事，在现实社会中生存下去。[3]起源论要

[1] Taylor, Edward B. 1874 [1871]. Primitive Culture: Researches into the Development of Mythology, Philosophy, Religion, Language, Art and Custom, I–II. New York: Henry Holt & Company.: v.

[2] Taylor, Edward B. 1874 [1871]. Primitive Culture: Researches into the Development of Mythology, Philosophy, Religion, Language, Art and Custom, I–II. New York: Henry Holt & Company: 16.see also chs. 2–3.

[3] Grimm, Jocob, & Wilhelm Grimm. 1812–1815. *Kinder- und Haus-Märchen*, Berlin: Realschulbuchhandlung.II: vi–viii).

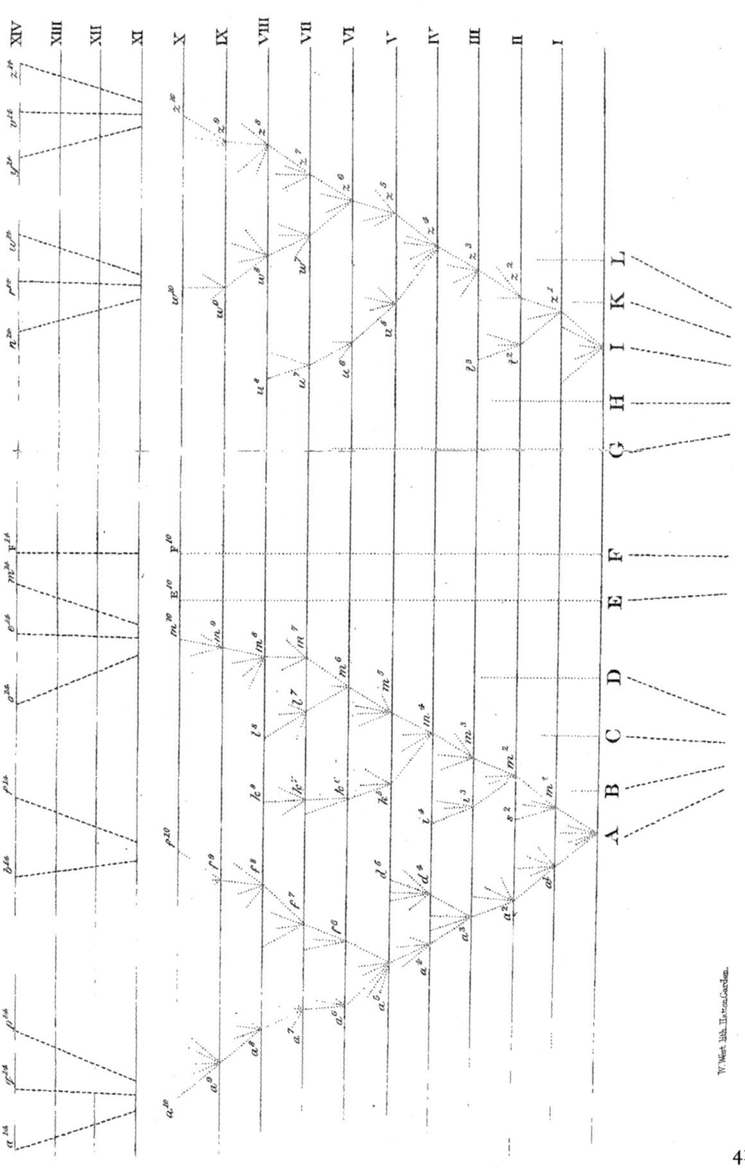

图 3. 达尔文《物种起源论》中的物种变迁插图（1859: between pp.116 and 117）。

解决两个问题：一是文化进化与社会进步之间的紧张性，二是在古代社会与现代社会之间建立联系的紧张性。

五、民俗法

在学术史上，多学科对发展过程的讨论都倾向于对“法”的认同。所谓“法”，是指统辖各种被研究对象的规律。我们已习惯于接受自然科学中的“法”。雅各布·格林已将之引入语言学中，建立了“格林法”（Grimm’s Law）。这种方法，通过描述历史上的声音的变化，对德语词汇在发展过程受到的影响，提供了一个规律。威廉·海因里希·里克尔（Wilhelm Heinrich Riechl）在1858年强调，民俗学是一门以“法”为研究重点的科学，这句话的含义是：在多学科对人类思维法则的研究上，民俗学拥有共同的兴趣，而民俗学保持这种兴趣的益处，在于它关系到民俗本身。

第二章

经典历史地理研究法

第一节　尤利乌斯·科隆与历史地理研究法的初创

《卡勒瓦拉》是否属于芬兰的历史遗产？对于这个问题，尤利乌斯·科隆（Julius Krohn）很早就曾给予明确的回答，指出，这是芬兰西部语言区与爱沙尼亚的共享遗产。[1]这是他对《卡勒瓦拉》史诗的地理语言传播特征加以分析的结果，而他的研究方法正是历史地理研究法，其中包括比较语言学的方法。他的朋友和同事阿克塞尔·奥古斯特·博恩纽斯（Axel August Bornnius）认为，尤利乌斯·科隆的研究方法严谨，结论也是说得通

[1] Julius Krohn ,1872. "Wirolaiset ja ylimalkaan länsi-suomalaiset aineet Kalevalassa" . *Suomi* 2:10:P165-167.

的。但是，他也有另一种假设，即这首史诗从芬兰西部传到卡累利阿地区之前，爱沙尼亚已经受到卡累利阿地区史诗的影响[1]，这是前提，然后才是芬兰西部语言区与爱沙尼亚共享这首史诗。

我个人的看法更倾向于阿克塞尔·奥古斯特·博恩纽斯，因为他的多线传播观更具方法论的意义，所以在当时也很快为国际同行所接受。芬兰民俗学者还发现，除了史诗，其他民俗文化产品，如民歌、神话和故事，也都有多线扩布的可能性，它们可能从某地扩展到另一地，也可能此前已从某社会扩布到另一个社会。这种前提设置，卡尔·冯·西多指出，应归功于格林兄弟。[2]

鲍亚士（Franz Boas）也曾借用这个观点，指出："从考古学和民族志的资料看，相邻部落的文化交往，是很可能与相邻其他地区传播并行不悖的"[3]。卡尔·拉克曼

---

[1] Axel August Borenius ,1873. "Missä Kalevala on syntynyt?" *Suomen Kuvalehti* 1: P269–274.

[2] von Sydow, C.W. 1948a. "Folk-Tale Studies and Philology: Some Points of View" . In von Sydow 1948b: P189.

[3] Boas, Franz. 1896a. "The Limitations of the Comparative Method of Anthropology" . *Science* New Series 4: P906.Taylor, Edward B. 1874 [1871]. *Primitive Culture: Researches into the Development of Mythology, Philosophy, Religion, Language, Art and Custom*, I–II. New York: Henry Holt & Company.

也参与了这场讨论，他附和阿克塞尔·奥古斯特·博恩纽斯的看法，还提供了自己的田野调查证据。在这批芬兰民俗学者和国际民俗学者看来，在芬兰和卡累利阿两地之间，以及在它们两地与爱沙尼亚之间，就存在这种民俗传播问题。[1]这场讨论的精彩内容被尤利乌斯·科隆收入其著作《芬兰文学史》的第一部分《卡勒瓦拉》中（1883）。今天看来，此著中提出的很多问题仍有开创性。

伊利亚斯·隆洛德被公认为是《卡勒瓦拉》史诗的作者，他也是使用历史地理研究法从事创作和开展学术研究的，因此他也被视为历史地理研究法的最早实践者之一。从他的工作中可以看到，创作和研究史诗与神话等民俗文本作品，都要在历史地理研究法的框架内进行，都要始于对口头传统资料的搜集，再对搜集资料进行民俗文献化，再进入保存和利用民俗文化产品的过程。

---

[1] Karl Lachmann, 1830 [1876]. “Rechenschaftüber L. Ausgabe des NeuenTestements” . In Karl Lachmann, *KleinereSchriften* II. Berlin: G. Reimer. Pp. 250–272. Axel August Borenius ,1873. “Missä Kalevala on syntynyt?” *Suomen Kuvalehti* 1: P269–274.

下面以《卡勒瓦拉》为例，阐释历史地理研究法的内涵与特征，大体有以下六点。

一、文本研究

《卡勒瓦拉》史诗的搜集资料是一个“文本群”。它是在同时对多种口头传统资料和表演资料加以调查和记录的基础上获得的。它是对搜集资料再加工形成的文化产品。这种文化产品获得了集体认同。[1]

二、异文问题

在史诗调查的田野工作阶段，对某位歌手或各地歌手的不同表演的差异，都应该记录下来。很可能在快速记录的文本中看不出什么明显的差异，在不同调查者的记录本之间具有很高的相似度。但尤利乌斯·科隆对此并不盲目乐观。他从不轻易地相信相似现象的表层反映。他自己编绘史诗传播区域的异文分布图，对其中的异文

[1] 参见本书《第三章　当代芬兰民俗学》之“第三节　重要的概念”。

增减文本，进行仔细的观察，把史诗传播的不同地方形式描写下来，指出异文变化的地理差序现象。鲍亚士也做了类似的观察，他指出，在美国地缘相近的土著文化之间，神话也有相似性。[1]在历史地理因素的观察中，文化关系史对尤利乌斯·科隆有所触动，他联想到芬兰史诗遗产传播中的地缘相似性。他的解释是，芬兰的地缘政治变化，带来了史诗和民歌传播走向与传播命运的变化。他的这种说法，等于承认，史诗或民歌在没有传播至另一个新地点之前，也会已经发生微妙的变化。然后，地缘政治的变化随地理的移动发生，地理的移动会再度促进它的变化。[2]

---

❶ Boas, Franz. 1896b. “The Growth of Indian Mythologies: A Study Based upon the Growth of the Mythologies ofthe North Pacific Coast” *Journal of American Folklore* 9(32): P3.see also Dundes, Alan. 1986. “The Anthropologist and the Comparative Method in Folklore” . In Dégh 1986a: P125–128.

❷ Krohn Kaarle. 1887. Tutkimuksiasuomalaistenkansansatujenalalta, I:Viekkaammansuhdeväkevämpäänsäketunseikoissakuvattuna. Helsinki: SuomalaisenKirjallisuudenSeura.

三、语言文化谱系

尤利乌斯·科隆对语言文化谱系很感兴趣。他对这种方法的兴趣，超过他对《卡勒瓦拉》资料库和单一文化传统研究的兴趣。他亲身经历过芬兰民歌传统的变迁。[1]他在对乌拉尔语的比较研究中发现不同语族的谱系现象。他在生前已开始了对语言谱系树的分析，还做了不少工作。他最终选择在地缘相近的语言区，包括德语区、斯拉夫语区和波罗的海语区，进行文化传统的比较研究。[2]他希望通过考察早期的词语，发现是否在里面已经存在特殊的情节或主题，又可以借助早期词语传承下来。[3]他对远亲语族的传播和《圣经》的传播也做过研究。[4]在尤利乌斯·科隆治学执教的时代，印欧语系研究的主流，是使用书面文献，考察多语种交流，特别关注多语言与

---

❶ Krohn, Julius. 1883. *Suomalaisenkirjallisuudenhistoria, Ensimäinenosa: Kalevala*. Helsinki: SuomalaisenKirjallisuudenSeura.P119–186.

❷ Krohn, Julius. 1883. *Suomalaisenkirjallisuudenhistoria, Ensimäinenosa: Kalevala*. Helsinki: SuomalaisenKirjallisuudenSeura. P229–334.

❸ Krohn, Julius. 1883. *Suomalaisenkirjallisuudenhistoria, Ensimäinenosa: Kalevala*. Helsinki: SuomalaisenKirjallisuudenSeura.P187–229.

❹ Krohn, Julius. 1883. *Suomalaisenkirjallisuudenhistoria, Ensimäinenosa: Kalevala*. Helsinki: SuomalaisenKirjallisuudenSeura.P334-340.

文化的遥远历史，如古代德语或印度梵语之间的最初形态和最早形式。但这种主流研究方法却在芬兰行不通，因为在芬兰语与印度的语言之间，很难建立遥远的共享关系。比如，芬兰语和卡累利阿语分属两个不同的语族，从印欧语系发展的逻辑看，这两种语言也是各自平行发展起来的，未能与印度形成遥远的共同遗产，连彼此的接触点也很难找到，双方原本就是各自独立的。对这种多语种的语言现象，做比较语言学的研究，同时适当借鉴文化史的方法，找出现象之间的类型关系，这是尤利乌斯·科隆在当时所能做出的选择。

四、类型现象

多元起源的概念和假设，催生了类型学的研究方法，民俗学者用类型法，观察文化现象的相似性特征，分析文化进化中出现的共同社会原因或生态环境原因。类型法就像一束光，照亮了需要比较分析和概括特征的人类的心理。[1] 尤利乌斯·科隆是承认多元起源概念的学者，

---

[1] Tylor, Edward B. 1874 [1871]. *Primitive Culture: Researches into the*

但又陷入比较研究所发现的民俗特殊性和貌似相似背景后的复杂性之中，这在他的心目中，减少了光的亮色。[1]故事类型有多样化的起源吗？这是需要实证和讨论的，尤利乌斯·科隆转向了这种工作。[2]从他的研究看，故事类型的相似性是一个复杂的关系网，在这张网的背后，有相当部分的传统，已穿越语言和文化的边界，在现在的语境中传承。

于是，对于比较具体类型的特殊性，以及建立文化传统谱系的专心跟踪，使尤利乌斯·科隆与同时代的人文科学研究保持了距离。前面提到，印欧语系比较本身也是一种工具概念，被用来认同欧洲与印度的古代共享遗产。格林兄弟还对斯堪的纳维亚与德国的神话故事做比较，假设两国在遥远的过去也有共同遗产。[3]尤利乌

Development of Mythology, Philosophy, Religion, Language, Art and Custom, I–II. New York: Henry Holt & Company.Lang, Andrew. 1884. *Custom and Myth*. London: Longmans, Green, & Co. Boas, Franz. 1896a. "The Limitations of the Comparative Method of Anthropology" . *Science* New Series 4: 901–908.

[1] Witzel, Michael. 2012. *The Origin of the World's Mythologies*. Oxford: Oxford University Press.

[2] Krohn, Julius. 1883. *Suomalaisenkirjallisuudenhistoria, Ensimäinenosa: Kalevala*. Helsinki: SuomalaisenKirjallisuudenSeura.P1883: 342.

[3] Grimm, Jocob, & Wilhelm Grimm. 1812–1815. *Kinder- und Haus-Märchen*.

斯·科隆没有质疑这种共享假设是否成立[1]，但他拒绝使用连续性理论。他自己就是斯堪的纳维亚语文学的专家，他不肯参与这场假设的游戏。他承认人类文化需要比较和共享，但针对一些不符合地理接触和共享历史的文化交流现象，他主张用类型学的方法去考量和比较。他本人就对基督教和拉丁文学的近期关系做过比较研究。[2]他的想法与斯塔索夫（Vladimir Vasilevich Stasov）不谋而合。在斯塔索夫以来，俄罗斯文化在欧洲文化圈内，但

Berlin: Realschulbuchhandlung. I: vi–viii.

[1] Krohn, Julius. 1883. *Suomalaisenkirjallisuudenhistoria, Ensimäinenosa: Kalevala*. Helsinki: SuomalaisenKirjallisuudenSeura. Kuhn, Adalbert. 1864. "Indische und germanischeSegenssprüche" . *ZeitschriftfürvergleichendeSprachforschung auf demGebiete der deutschen, griechischen und lateinischenSprache*13: 49–74, 113–157. West, M. L. 2007. *Indo-European Poetry and Myth*. Oxford: Oxford University Press.

[2] Krohn, Julius. 1883. *Suomalaisenkirjallisuudenhistoria, Ensimäinenosa: Kalevala*. Helsinki: SuomalaisenKirjallisuudenSeura.P343. Bang, Anton Christian. 1879. "Vøluspaaog de SibyllinskeOrakler" .*Videnskabs-Selskabeti Christiania, Forhandlinger Aar 1879*9: P1–23. Bugge, Sophus. 1881–1889. *Studier over de nordiskeGude- ogHeltesagnsOprindelse*. Christiania: Alb. Cammermeyer. de Caro, Frank. 2018. "Herder, the Grimm Brothers and Richard Dorson' s Antiquarians: A New Look" . Unpublished paper presented at the American Folklore Society' s Annual Meeting held 17th–20thOctober 2018, Buffalo, New York.

俄罗斯英雄史诗的发展就受到东方文化的影响。❶

五、“机械”过程

尤利乌斯·科隆的研究方法基于一个理念，就是异文是有规律的，异文是可控的，这样就能得到下面的分析方法：异文的变化是一个“机械”的过程（至少有少数是如此），是在“无意识”的状态下进行的，因此变异是自动的或自发的，在“机械”的过程中不会产生共享历史，而是产生无意识的类型现象。研究类型现象，就能阐释人类没有遥远的共享历史的那一部分文化。他把不是“机械”变动的异文挑出来，把“机械”变动后产生的异文保留下来，再做研究。❷

尤利乌斯·科隆的观点，是针对当时国际思潮中的两种“先验论”提出的：一是民俗属于人类社会的衍生物，

---

❶ Krohn, Julius. 1883. *Suomalaisenkirjallisuudenhistoria, Ensimäinenosa: Kalevala*. Helsinki: SuomalaisenKirjallisuudenSeura.P343。

❷ Krohn, Julius. 1883. *Suomalaisenkirjallisuudenhistoria, Ensimäinenosa: Kalevala*. Helsinki: SuomalaisenKirjallisuudenSeura.P584–586 Krohn, Kaarle. 1926. *Die folkloristischeArbeits-methode: Begründet von Julius Krohn und weitergeführt von nordischenForschern*. Oslo: Aschehoug.P 24.

并没有独立的位置；二是民俗会随着时间的流逝而衰落，不能进化。[1]尤利乌斯·科隆反对这种说法，他指出，民俗存在异文，说明民俗可以自我变异。正是由于民俗可以变异，它才能将早期的形式和传统的变异传承下来。民俗的传承物可能比现存的某些东西更有价值。[2]

六、外循环前提

尤利乌斯·科隆并没有接受泰勒的“文化遗留物”说。但是，他接受了弗里德里希·奥古斯特·沃尔夫的荷马史诗外循环前提说。所谓外循环前提说，我在上面曾经简单提到，它是指在荷马时代之前，可能先有一个外部独立的故事。到了荷马时代，再被荷马加以吸收，又进行了扩展，才形成了后来的荷马史诗。[3]尤利乌

---

[1] Krohn, Kaarle. 1891b. “La méthode de M. Jules Krohn” . In *Congrésinternationale des traditions populaires, Paris 1889*. Paris: Société d’éditionsscientifiques. Pp. 64.

[2] Krohn, Kaarle. 1926. Die folkloristischeArbeits-methode: Begründet von Julius Krohn und weitergeführt von nordischenForschern. Oslo: Aschehoug. P 24. Dundes, Alan. 1969. “The Devolutionary Premise in Folklore Theory” . *Journal of the Folklore Institute* 6(1): 5–19.

[3] Wolff, Friedrich August. 1795. *Prolegomena ad Homerum*.Žirmunskij, V.M.

斯·科隆还吸收了卡尔·拉克曼的相近看法，卡尔·拉克曼就认为，在德国史诗《尼贝龙根之歌》出现之前，就已有很多较短的民歌。[1]尤利乌斯·科隆的结论是，还是要用进化论的方法考察史诗，但也要注意史诗传播前后的短小体裁成分[2]，它们会发生变异、组合，产生复杂性。关于比起史诗来说较为短小的民歌的研究，特别是对异文的变化过程的讨论，这时尤利乌斯·科隆自己的学术思想也有变化，他已不再为起源类的模糊问题纠结，而是转向对史诗变化结果的研究。[3]他的研究方法，总体说，仍然是把传统当作一种自然变化的现象进行研究。《卡勒瓦拉》史诗是在特定社会历史条件下，“被要求”发挥个体能力完成的程式化作品，不是“机械”变异的文本。但尤利乌斯·科隆仍然充分肯定伊利亚斯·隆洛德的工作，认为他已经在搜集资料的注释和

2004. “«Калевала» и финскаяшколафольклористики”. In *Фольклорзапада и востока: Сравнительно-историческиеочерки*. Москва.

[1] Lachmann, Karl. 1836 [1829]. *Zu den Nibelungen und zur Klage*. Berlin: G. Reimer.

[2] Krohn, Julius. 1883. *Suomalaisenkirjallisuudenhistoria, Ensimäinenosa: Kalevala*. Helsinki: SuomalaisenKirjallisuudenSeura. P341–350, 575–576.

[3] Krohn, Julius. 1883. *Suomalaisenkirjallisuudenhistoria, Ensimäinenosa: Kalevala*. Helsinki: SuomalaisenKirjallisuudenSeura. P588.

创作笔记中都记录了他所接触的传统的形态与价值，他的方法是妥当的，《卡勒瓦拉》史诗也发挥了合适的作用。[1]

第二节　卡尔·科隆对历史地理方法的经典化

尤利乌斯·科隆不幸在一场海难中罹难，他的儿子卡尔·科隆（Kaarle Kroho）接过了父亲手中的大旗。他完成了父亲的遗著，将父亲创建的历史地理研究法“经典化”，又以此为核心构建了芬兰民俗学理论体系。他荣膺芬兰历史上第一位民俗学教授，成为芬兰民俗学学科的开拓者，实现了民俗学大学教育的体制化。他首创芬兰国际民俗学会，组织出版国际民俗学会的学术刊物和研究丛书，建立了芬兰民俗学对外交流的国际网络。在他的学术思想影响下，他的弟子阿尔奈（Antti Amatus

---

[1] Krohn, Julius. 1883. *Suomalaisenkirjallisuudenhistoria, Ensimäinenosa: Kalevala*. Helsinki: SuomalaisenKirjallisuudenSeura. P345. Wilson, William A. 1976. *Folklore and Nationalism in Modern Finland*. Bloomington: Indiana University Press.P55.

Aarne）编制了第一部世界故事类型索引，从此吸引了全世界的目光。卡尔·科隆是芬兰民俗学的奠基人，是当之无愧的芬兰民俗学学术大师，在他的率领下，芬兰成为世界民俗学的学术中心。

一、经典历史地理研究法

卡尔·科隆的起步是从他的博士学位论文开始的。在这篇论文中，他已开始将父亲时代的治学重点，即《卡勒瓦拉》史诗与神话学，转向故事学。[1]在他之前，芬兰的故事研究，乃至整个芬兰民俗学史，都处于史诗和神话学研究的外围，是被边缘化和受冷落的对象。卡尔·科隆是第一个突破重围的人。他有思如泉涌的学者气质，他积极活跃投入学术工作，精力充沛、热情万丈。他站在父亲的肩膀上发展了芬兰民俗学。

尤利乌斯·科隆生前并未给自己的研究方法命名。他

[1] Krohn, Julius. 1883. *Suomalaisenkirjallisuudenhistoria, Ensimäinenosa: Kalevala*. Helsinki: SuomalaisenKirjallisuudenSeura. Krohn, Kaarle. 1887. P1–41. Krohn Kaarle. 1888. *Bär (Wolf) und Fuchs: Eine nordischeTiermärchenkette: VergleichendeStudie*. Helsingfors: Die FinnischeLiteratur-gesellschaft.

在不同的场合，使用不同的提法，对这种方法进行描述，或者称之为“地方的—历史的方法，或者称之为“地理的—历史的研究”，还有其他大同小异的提法。[1]卡尔·科隆高度赞扬父亲的治学成就，同时将历史地理研究法进行全面阐释，在形式上程式化，并加以正式的命名。他对父亲学说的深刻理解和超越，表现出非凡的理论气质。在一次国际会议上，他将父亲的方法正式命名为“历史地理研究法”[2]，又做了深入阐述，分析使用这种方法的“机械”过程。[3]他介绍说：“这就是尤利乌斯·科隆先生的研究方法”[4]。他也将自己对历史地理研究法的阐释要点

---

[1] Hautala, Jouko. 1954. *Suomalainenkansanrunoudentutkimus*. Helsinki: SuomalaisenKirjallisuudenSeura. P190.

[2] Krohn, Kaarle. 1887. Tutkimuksiasuomalaistenkansansatujenalalta, I: Viekkaammansuhdeväkevämpäänsäketunseikoissakuvattuna. Helsinki: SuomalaisenKirjallisuudenSeura. vi. Krohn Kaarle. 1888. *Bär (Wolf) und Fuchs: Eine nordischeTiermärchenkette: VergleichendeStudie*. Helsingfors: Die FinnischeLiteratur-gesellschaft.P5. Krohn, Kaarle. 1891a. *Mann und Fuchs: DreivergleichendeMärchenstudien*. Helsingfors: J.C. Frenckell& Son P8. Krohn, Kaarle. 1910. “Über die finn. folkloristischeMethode” . *Finnisch-ugrischeForschungen* 10: P37, 39.

[3] Krohn, Kaarle. 1891a. *Mann und Fuchs: DreivergleichendeMärchenstudien*. Helsingfors: J.C. Frenckell& Son.P8–9.

[4] Krohn, Kaarle. 1891b. “La méthode de M. Jules Krohn” . In *Congrésinternationale des traditions populaires, Paris 1889*. Paris: Société

写进他创造的民俗“法”的摘要中❶，这种研究法实际上是他们父子两代人合作的成果。

历史地理研究法贯穿于芬兰民俗学发展的始末。在尤利乌斯·科隆身后，这种研究法的命运就与卡尔·科隆的学术经历产生了更为紧密的联系。1898 年，他荣获芬兰第一个民俗学教席，同时着手创建赫尔辛基大学的芬兰语与比较民俗学专业。1901 年，他与姐夫塞泰莱（Emil Nestor Setälä）联手合办了一份面向世界的民俗学期刊《芬诺-乌戈尔研究》❷。1907 年，他与阿克塞尔·奥尔里克（Axel Olrik）和卡尔·冯·西多合作，又得到约翰内斯·博尔特（Johannes Bolte）的支持，创办了赫赫有名的《国际民俗学会通讯》（FFC）❸。1908 年，在他的主持下，赫尔辛基大学芬兰语与比较民俗学专业正式挂牌成立，他出任第一位教授。他把就职演说的题目确定为

---

d' éditionsscientifiques.

❶ Krohn, Kaarle. 1891b. “La méthode de M. Jules Krohn” . In *Congrésinternationale des traditions populaires, Paris 1889*. Paris: Société d' éditionsscientifiques. p67.

❷ Setälä, E.N., & Kaarle Krohn. 1901. “Plan der Zeitschrift” . *Finnisch-ugrischeForschungen* 1: 6–14.

❸ Krohn, Kaarle. 1909. “Suomalaisestakansanrunoudentutkimuksenmetodista” . *Valvoja* 29: 103–112.

《芬兰民俗学的研究方法》(此书的芬兰语出版于 1909 年，德语版出版于 1910 年)，在这场极为重要的开篇宣言中，他还是阐释历史地理研究法，并将之放在芬兰民俗学的奠基石位置上。1910 年，他创办并主编国际民俗学会的系列丛书，并在芬兰科学院和国际民俗学会上陆续出版推介。他把芬兰民俗学带到世界民俗学的中央舞台上。[1]

二、创建芬兰学派

将芬兰民俗学称作“芬兰方法”是从国际上先开始的，而不是芬兰民俗学者的自称。但是，随着历史地理研究法在世界上影响力的凸显，所谓“芬兰学派”也有了明确的支撑。有很多博士学位论文的作者都提到，自己当初是接受了尤利乌斯 · 科隆的方法论的影响。[2]也有些作者写道，他们通过卡尔 · 科隆，认识了尤利乌斯 · 科

[1] Hautala, Jouko. 1969. *Finnish Folklore Research 1828–1918*. Helsinki: SocietasScientiarum Fennica. P139–171.

[2] Franssila, K. A. 1900. *Kansanrunouden tutkimuksia I. Iso tammi liitteineen*. Helsinki: SuomalaisenKirjallisuudenSeura.

隆的方法论。[1]

在卡尔·科隆主持芬兰民俗学建设工作期间，历史地理研究法吸收了阿克塞尔·奥尔里克关于史诗“法则”的思想[2]，这是一个相当重要的变化。正是卡尔·科隆，在民俗学的理论中，引入阿克塞尔·奥尔里克的“法则”观，将民俗现象研究与法理的研究理论整合在一起，才形成更为全面和严密的理论系统。他把“法则”的思想放到自己的一本书中，书名叫《卡勒瓦拉研究的问题》。他在书中详细阐释民俗“法”的含义与调查方法[3]，并附录其学生阿尔奈的调查资料。瓦尔特·安德森（Walter Anderson）后来评价说，卡尔·科隆的民俗“法”值得高度重视。瓦尔特·安德森就直接把它定名为民俗的“自正律”[4]。卡尔·科隆的学生安蒂·阿尔奈，于1910年

---

[1] Kallas, Oskar. 1901. *Wiederholungslieder der estnischenVolksposie I: FolkloristischeUntersuchung*. Helsingfors: Société finno-ougrienne.

[2] Olrik, Axel. 1908. “Episke love i folkedigtningen” . *Danske Studier* 1908: 69–89.wa

[3] Krohn, Kaarle. 1918. *Kalevalankysymyksiä: Opas Suomen kansanvanhojenrunoj entilaajillejakäyttäjilleynnäsuomalaisenkansanrunoudenopiskelijoillejaharrastajil leI–II*. Suomalais-UgrilaisenSeuranAikakauskirja 35–36. Helsinki: Suomalais-UgrilainenSeura.. p52–67.

[4] Anderson, Walter. 1923. *Kaiser und Abt*. FF Communications 42. Helsinki:

完成故事类型程式化的工作，称之为《地理历史研究法》。❶实际上就是被他的老师卡尔·科隆发展后的历史地理研究法，此书很快提升了芬兰民俗学的国际关注热度，再度加强了卡尔·科隆父子的世界声望。《卡勒瓦拉研究的问题》用芬兰语撰写，是一本重要的理论著作，也是指导《卡勒瓦拉》史诗研究的民俗学工作手册。1926年，卡尔·科隆又出版了《民俗学研究方法：经尤利乌斯·科隆创立和被北欧研究者加以发展》，进一步将历史地理研究法提升为芬兰民俗学研究的总体性方法，使之在“芬兰学派”中定于一尊。对于“芬兰学派”的建设，卡尔·科隆更看重它的国际性，重视它的国际化传播，他对国家民族只是偶尔提及。❷

Academia Scientiarum Fennica. Dégh&Vázsonyi 1975; Holbek 1998:p 32. de Sylva 2012: p42–44.

❶ Aarne, Antte.1913. *Leitfaden der vergleichendenMärchenforschung*. FF Communications 13. Helsinki: Academia Scientiarum Fennica. ch. 3.

❷ Niemi, A.R. 1929. “Runontutkimuksemmemetodista”. *Kalevalaseuranvuosikirja* 9: 22–51. Kuusi, Matti. 1975. “‘The Bridge and the Church’: An Anti-Church Legend”. In *Finnish Folkloristics 2*. Ed. PenttiLeino, with Annikki Kaivola-Bregenhøj&Urpo Vento. Studia Fennica 18. Helsinki: SuomalaisenKirjallisuudenSeura. Kuusi, Matti. 1980. “Suomalainentutkimusmenetelmä”.In Lehtipuro, Outi (ed.): *Perinteentutkimuksen perusteita*. Porvoo: WSOY.

三、教条主义

卡尔·科隆完成历史地理研究法经典化的工作不久，芬兰国内的政治氛围发生变化，他本人的治学方向也发生了改变。他曾追随父亲的进化论思想，专攻《卡勒瓦拉》史诗和神话的研究，表现出对史诗情节的关系网的研究兴趣[1]。但是，后来在他的著作中，“先进”的进化论变成了倒退论、民俗变成了文化遗留物，差异化的异文以其属于初民社会而失去了研究价值，是日常社会中没有价值的腐物。历史地理研究法被定性为结构性的方法，应该用以重新建构史诗、民歌和故事的形式，解释其社会变化。民俗学也随之成为一门需要重建学问，任务就是重建民俗传统和历史遗产，还要为现实服务。卡尔·科隆转向从物质的视角看问题，而不谈民俗的多元发生，他在《民俗学研究方法》中，有一段话这样说：“每个故事，每个母题，都有单独的起源”。[2] 分析故事类

[1] Krohn, Kaarle. 1903–1910. *Kalevalanrunojenhistoria*. Helsinki: SuomalaisenKirjallisuudenSeura.

[2] Krohn, Kaarle. 1926. *Die folkloristischeArbeits-methode: Begründet von Julius Krohn und weitergeführt von nordischenForschern*. Oslo: Aschehoug. P28–29.

型和神话要素，要考虑到对物质资料做解释，要排除故事和笑话在表达精神与物质关系的模糊性。他对历史地理研究法的阐释也改变了口吻，说表面看起来关联的现象，也可能是问题最多的现象。他谈到《卡勒瓦拉》史诗研究时也换了说法，认为，史诗本来有多元来源、多元素材和多种社会意识形态，但已被作者整合为一体。上面提到，《卡勒瓦拉》史诗作者本人已对自己使用历史地理方法而兼容多元的工作过程做了交代，但这时卡尔·科隆却谈论一元。他的转变令人费解。为什么？威廉·威尔逊（William Wilson）指出，这是卡尔·科隆对20世纪20年代政治语境的一种妥协。

芬兰于1917年宣布独立，不久就出现了对《卡勒瓦拉》史诗的进化论方法的批评。风向变了，卡尔·科隆不能不做出反应。他是有民族主义倾向的学者，他始终对父亲的进化论研究采取调和态度。[1]按他的新解释，《卡勒瓦拉》是斯堪的纳维亚人民的英雄史诗，人民通过史诗发出一个新兴国家渴望英雄祖先和伟大历史遗产的感

[1] Wilson, William A. 1976. *Folklore and Nationalism in Modern Finland*. Bloomington: Indiana University Press. P67–102.

情与希望。他以他的方式处理学术转向，还原到当时的历史环境中也无可厚非。[1] 从今天的角度看，当时学者的这种转变，出于政治而并非出于民俗学理论，其变化没有方法论的和实证分析的动机。卡尔·科隆还在《卡勒瓦拉研究的问题》第一卷的末尾，坦陈个人观点的变化。然而最大的讽刺莫过于，他否认前期的学术不是学术的，却并未提供任何学术分析的依据。[2] 就严肃的学术史而言，这种言论便不足为凭。

对卡尔·科隆的一时转变，也有人提出，可能与他个人的经历有关。他的姐姐家庭关系破裂，姐姐与姐夫塞

---

[1] Wilson, William A. 1976b. “The Evolutionary Premise in Folklore Theory and the ‘Finnish Method’”. *Western Folklore* 35(4): P247. Žirmunskij, V.M. 2004. “«Калевала» и финскаяшколафольклористики”. In *Фольклорзапада и востока: Сравнительно-историческиеочерки*. Москва. Ahola, Joonas. 2014a. “Åland and the Poetic Image of an Island in Kalevalaic Epic”.

[2] Krohn, Kaarle. 1918. *Kalevalankysymyksiä: Opas Suomen kansanvanhojenrunoj entilaajillejakäyttäjilleynnäsuomalaisenkansanrunoudenopiskelijoillejaharrastajil le*I–II. Suomalais-UgrilaisenSeuranAikakauskirja 35–36. Helsinki: Suomalais-UgrilainenSeura.P229–232. Wilson, William A. 1976. *Folklore and Nationalism in Modern Finland*. Bloomington: Indiana University Press.P85. Honko, Lauri. 1979a. “A Hundred Years of Finnish Folklore Research: A Reappraisal” . *Folklore* 90(2): P149.

泰莱离婚，这给他带来很强的刺激。塞泰莱是保守派[1]于是他就要当激进派，表示与塞泰莱势不两立。[2]

四、故事类型

道森（Richard M.Dorson）反对上述分析。他的看法是，卡尔·科隆身处的时代与他的父辈已截然不同，父辈娴熟的进化论方法这时已失去了光泽。[3]他的学术理想必然使他在新时代的国际思潮中掀起巨浪，而不是沉迷于过去。

不妨回忆一下，卡尔·科隆早在撰写博士学位论文时期就表现出对故事类型的兴趣。[4]什么是故事类型？这是

---

[1] Hautala, Jouko. 1954. *Suomalainenkansanrunoudentutkimus*. Helsinki: SuomalaisenKirjallisuudenSeura. p325–336. Evijärvi, Irja-Leena. 1963. *Kaarle Krohn: Elemäjatoiminta*. Suomi 110: P 2. Helsinki: SuomalaisenKirjallisuudenSeura. P77–78. Wilson, William A. 1976. *Folklore and Nationalism in Modern Finland*. Bloomington: Indiana University Press. P92–93.

[2] Evijärvi, Irja-Leena. 1963. *Kaarle Krohn: Elemäjatoiminta*. Suomi 110: P2. Helsinki: SuomalaisenKirjallisuudenSeura. P77–78.

[3] Dorson, Richard M. 1955. "The Eclipse of Solar Mythology" . J*ournal of American Folklore* 68(270): P393–416.

[4] Krohn Kaarle. 1887. Tutkimuksiasuomalaistenkansansatujenalalta, I:V

一种重建世界主义范式，在格林兄弟的时代，它初现端倪。在卡尔·科隆父亲的手中，它发出微光。在卡尔·科隆师徒的时代，它光芒万丈。新与旧的学术史发生了撕裂。摆在他的面前有两条路：一条路，是詹姆斯·乔治·向弗雷泽（James George Frazer）一样，优雅地坐在沙发上，拾捡四壁的图书，做比较研究，写《金枝》式的巨著。[1]另一条路，是驾驭奔腾呼啸的时代浪潮，勇敢地踏着波涛浪花，开展故事类型研究。他的选择是朝向后者奔去。还有一个原因能驱动他向前，那就是他们父子两代学术赓续的使命，始终在给他以巨大的激励。

卡尔·科隆终于异军突起。他就像一道划破夜空的闪电，一匹跳出英雄史诗的骏马，他在他的历史背景下迎接挑战。今天看，他的理论与方法论都有可商榷之处，

---

iekkaammansuhdeväkevämpäänsäketunseikoissakuvattuna. Helsinki: SuomalaisenKirjallisuudenSeura. Krohn Kaarle. 1888. *Bär (Wolf) und Fuchs: Eine nordischeTiermärchenkette: VergleichendeStudie*. Helsingfors: Die FinnischeLiteratur-gesellschaft.

[1] Frazer, James George 1906–1915(1906–1915 [1st edn. 1890]). *The Golden Bough: A Study in Magic and Religion* I-XII. London: McMillain. Frog. 2010. *Baldr and Lemminkäinen: Approaching the Evolution of Mythological Narrative through the Activating Power of Expression*. UCL Eprints. London: University College London.

但他的贡献仍然是有目共睹的，是有极有价值的。他的《民俗学研究方法》一书，对经典历史地理研究法提升到同时代民俗学理论的最高度，成就了“芬兰学派”。他的故事学研究，开辟故事类型的形式重构模式，为故事符号意义的研究提供了理论装备。他对故事的成品进行观察，提出故事异文传播的分层结构。他也提倡历史地理研究法的改革，但不做起源研究等徒劳无益的工作，而是强调传统是一种可呈现的和可变化的现象。从卡尔·科隆的角度评价伊利亚斯·隆洛德的《卡勒瓦拉》史诗创作，是创造了一个合情合理、首尾贯通的史诗程式形态[1]，这是作者在能够接触传统的时代带给后人的最大价值。

第三节　民俗学的研究对象

卡尔·科隆的另一重要贡献是构建了民俗学的对象

---

[1] Krohn, Julius. 1883. *Suomalaisenkirjallisuudenhistoria, Ensimäinenosa: Kalevala*. Helsinki: SuomalaisenKirjallisuudenSeura. P588.

论理论。在《民俗学研究方法》中，他使用一章的篇幅，讨论民俗如何成为一种研究对象，并进行了系统阐释。

一、民俗的定义

关于民俗学的定义，因学术背景和研究传统的不同，从 19 世纪开始，就有不同的释义。[1]前面已反复提到，英国民俗学者泰勒持提出了“文化遗留物”说。他认为，民俗是不合时宜的东西，与当代文化记录不一致，不能单独构成研究对象。[2]但“神话”不是民俗，神话在历史上被宗教排斥成“遗留物”，但神话记录保存至今。19 世纪晚期的英国民俗学者也没有将神话与故事截然分开，但他们将“民俗”与“故事”当作同义词[3]，又把故事定义为在“民俗”与歌谣或民歌等传统分裂之后才发展起

---

[1] Hultkrantz, Åke. 1960. *International Dictionary of Regional European Ethnology and Folklore*, I. Copenhagen: Rosenkilde& Bagger. P 135–141.

[2] Lang, Andrew. 1884. *Custom and Myth*. London: Longmans, Green, & Co.

[3] Nutt, Alfred,& G.L. Gomme. 1884.Folk-Lore Terminology" . *The Folk-Lore Journal*2(10), pp. 311-316. Gomme, G.L. 1885. “The Science of Folk-Lore” . *The Folk-Lore Journal* 3(1): 1–16.

来的体裁。[1]可见，在关于民俗学对象论的各种概念之间，并没有取得理论的统一性，有的说法还前后冲突，无法自圆其说。芬兰民俗学不同。芬兰民俗学自始至终有统一的主要研究对象，即史诗《卡勒瓦拉》。卡尔·科隆的教授职称冠以“民俗”一词，也是对民俗学对象论的另一种诠释。在芬兰语中，“民俗”有“民俗诗学”之意，事实上，芬兰民俗学以史诗为长期研究对象，同时也把神话、民歌和故事等列为比较研究对象。正是这些研究对象的存在，让为它们的研究提供理论和方法框架的历史地理研究法广为人知。

二、民众的知识

卡尔·科隆的民俗学对象论的基本思想，是将民俗的“研究对象”看作“民众知识的一种类别”[2]。他接下来对民众知识的界定，在今天看来，并不深入；但我们今天

---

[1] Dorson, Richard M. 1961. “Folklore Studies in England” . *Journal of American Folklore* 74(294): 302–312.

[2] Krohn, Kaarle. 1926. *Die folkloristischeArbeits-methode: Begründet von Julius Krohn und weitergeführt von nordischenForschern*. Oslo: Aschehoug. p16–25.

使用的民俗知识的大量新概念，在他的时代也尚未形成。他对民俗学对象论的研究目标，是将民俗定义为可以进行古今交流，能够反映文化分类、社会变迁和世界互通的符号系统，符号由想象力创造，想象力与美学有关，民俗通过内化和传承体现价值。仅从他在当时历史条件下确立的这一研究目标，就能看出他的学术大师气象。

三、民俗学与其他学科的关系

卡尔·科隆讨论民俗学的对象论，也是他讨论民俗学与其他学科关系的研究项目的一部分。学科关系始终是当代问题。因此，他的民俗学对象论研究，对民俗学学科建设而言，具有整体性。关于学科关系，他的基本观点如下：

民俗学与文艺学。两个学科的研究对象都有美学问题，但在对想象力的关键概念的释义上，两者有较大差别。

民俗学与语言学。民俗与语言都是人类活动的符号系统，语言学有时也研究民俗，但民俗学的研究对象按类型分布，不同于锤子理论和挤奶实践。在芬兰学派中，民俗学与民族学有共同关注的东西，但民俗学更关注交流模式中符号系统的作用，重视对世界上存在的口头诗歌、口头艺术、民俗叙事、大众宗教（神话、仪式和迷信）的现象、结构与功能的研究。

民俗学与民间音乐学。民俗学对被确定为民族学的对象或文化方面给予关注，包括民间音乐学。正在卡尔·科隆忙于进行民俗学对象论的建设时，他的兄弟埃马利·科隆在民间音乐学上已取得造诣。赫尔辛基大学民族学系成立于1921年，即卡尔·科隆出版《民俗学研究方法》的前五年，民族学的研究对象是在民俗学的研究对象中界定的。❶

四、民俗学对物质文化的研究

民俗学与物质文化研究。最初的芬兰民俗学研究重点是民间物质文化，而不是口头传统，更不是后来的大众宗教，是卡尔·科隆改变了当时的研究导向。他将

❶ Siikala Jukka. 2006. “The Ethnography of Finland” . *Annual Review of Anthropology* 35:P160.

《卡勒瓦拉》研究放到首要位置，其次是神话和仪式歌的研究，这使芬兰民俗学迅速进入神话话语体系的研究，并获得新的发展。相应的民俗语言艺术研究也受到重视。

五、民俗学对传统的研究

在卡尔·科隆之前，对于传统的研究，是从文本产品的角度处理的，文本与传统混为一谈。在尤利乌斯·科隆的时代，民俗学者使用历史地理研究法，研究文学产品、史诗、比较神话、比较民间故事学、仪式和宗教，就是做笼而统之的研究。到了卡尔·科隆的时代，在他的主导下，民俗学的研究对象改变了以往的笼统状态，建立了有针对性的研究专题，如研究歌谣、民歌的表达形式（包括语言），文化形象和符号的抽象隐喻，以及信仰的研究。原来历史地理研究法的中心部分是传统，现在又增加了新的理论装备，开展传统的传播过程研究，观察“文本”被传递的过程。对于《卡勒瓦拉》史诗有关的其他体裁，如谚语、谜语，以及多语种表演与内容不同的文本，也要研究，发现它们在主题或情节单元的分层传递规律。卡尔·科隆对民俗学对象论的界定，要比父辈拓宽，但也更加问题化。他还要求对传统的形式、内容和结构都进行处理[1]，并建立了“文本产品”资源关联的三领域，具体顺序如下：

1）主要顺序，如语言或图示系统；

2）次要顺序，如主题、叙事等；

3）隐性顺序，如概念、模式、信仰等，它们在可能与不可能之间互相反映和传达。

传统不是档案文献，而是档案文献背后的抽象实体和文本差异。今天的民俗学对象论频繁地提到异文，但异文是社会传播的表征，是诸多偶然因素的结果，而不是一个明确的实体（这与今天的网络民俗相似）。

---

[1] Saussure, Ferdinand de. 1916 [1967]. *Cours de linguistiquegénérale*. Paris: Éditions Payot&Rivages.Parry, Milman. 1928.*L'épithètetraditionnelledansHomère*. Paris: Société d' Éditions “LesBelles Lettres” . Propp, Vladimir. 1958 [1928]. *Morphology of the Folktale*. Bloomington: Indiana University Press.

六、民俗类型

根据卡尔·科隆的观点，民俗学者通过个人或独立的研究，对“民俗”加以识别和分类。各种语境中的异文不必直接讨论，因为它们还不是民俗。国际化的故事类型，以其叙事骨架与外部事物未必一定关联，因此会逐步剥离出来，归为“民俗”。在抒情诗中，“民俗”大多处于叙事的表层，呈现为诗歌的形式、保守的想象和传统的母题，在个体表达中使用。一些批评者也提出，经典历史地理研究法将传统降格为文本产品，也不是全无道理[1]，现在处理文本文献已取得很大的技术进步，已经在以往的“文本”与“传统”之间，补入异文因素，增加它们与表演实践的相关性。[2]但这种提法的问题是，在早期的研究中，话语在情境中产生，使用者依赖于情境生产异文，生成意义，并没有建立其他表示顺序。此外，

---

❶ Dégh, Linda. 1986b. “Introduction” . In Dégh 1986a: 82.

❷ Katajamäki, Santeri, & Karina Lukin. 2013. “Textual Trails from Oral to Written Sources: An Introduction” . In Lukin et al. 2013: 8–17. Fine, Elizabeth Calvert. 1984. The Folklore Text: From Performance to Print. Bloomington: Indiana University Press.

对意义的讨论，并未顾及现实生活中传统的意义，人们关心的是范式，关心神话对世界现象的解释范式，以及这种阐释成为社会心理的范式，但这些都不是卡尔·科隆要解决的问题。

以往民俗学者像用压缩饼干机那样把从故事中抽象出类型，制作故事类型或母题，重构民俗产品，今天这种做法已被体裁研究和文本研究所取代。民俗被认为是个体用来产生独特表达、沟通意义或其他知识的社会资源，人们用这些知识建构对某些人类行为（如禁忌）的认知，使世界和经验变得富有意义和可以理解。从这个角度来看，民俗是一种社会性沟通的知识、资源和能量，它由想象力和审美能力所塑造，用来表达、沟通、建构人类的行为或理解世界。他强调民俗区别于书面文化和现代艺术生产的特点，对民俗的这种内在特点要格外关注。

卡尔·科隆为芬兰民俗学建立了具有理解历史连续性的理论参考框架。他的学术贡献已达到在他的时代所能达到的历史高度。

七、民俗学对象论

当代民俗学者讨论民俗，已经不再把民俗看作是客观“事物”，而是社会实践的对象。民俗学的对象论领域，已出现多样化的变化，从口头语言的瞬间形式对语言的使用，到融入时事写作的个人经历，从远溯数千年文化的神话想象，到互联网的交流，可谓变化万千，不一而足。但即便如此，芬兰学派与美国学派仍大有相同。芬兰的民俗学更具包容性，囊括民间音乐、物质文化，小群体的社会协商，等等，这种新潮的变化对于理解民俗变迁的过程颇具意义，成为民众生活的同义词。当然“社会沟通”过程让步于实际本身。在美国，对口语艺术的研究已大都转向语言人类学，成为一个特色分支（对表演艺术的定义更为宽泛）。在语文学领域，很多美国学者从事口头程式理论研究，注意力也很集中。在芬兰，民俗学研究照样覆盖这些领域，但更关注于某些类别的文化符号和符号系统在话语中的运作，符号和符号系统与语言的话语、表演和行为体现的相关性，人们在各自背景中的意识形态与理解样式，并始终保持着芬兰民俗学的特色。

第四节　卡尔·科隆的宣言与民俗学的学科建设

在一段时间内，历史地理研究法变成了教条，这与卡尔·科隆的《民俗学研究方法》不能说全无关系。在一定程度上，他这本书曾起到《宣言》的作用。❶卡尔·科隆同时代的人曾抱怨说，当历史地理研究法成为芬兰民俗学的统治“方法”，并在各国广为传播时❷，卡尔·科隆就成了它的掌门人。他决定什么样的研究文章可以发表，什么研究文章不能发表。❸在1985年的一次讨论会中，很多学者否定历史地理研究法，他们提出，对历史地理研究法的各种挑剔不乏偏见，但现在也到了

❶ Wolf-Knuts, Ulrika. 2013. “The Omnipresent Method” . In Frog &Latvala with Leslie 2013:P262. Dundes, Alan. 1986. “The Anthropologist and the Comparative Method in Folklore” .

❷ Thompson, Stith. 1951. *The Folktale*. New York: Dryden. ch. 5.

❸ Wilson, William A. 1976. *Folklore and Nationalism in Modern Finland*. Bloomington: Indiana University Press. P92. Timonen, Senni 2004. *Minä, Tila, Tunne. Näkökulmia KalevavamittaiseenKansanlyriikaan*. Helsinki: Suomalaisen Kirjallisuuden Seura. P14–15. Tarkka, Lotte. 2015. “Picturing the Otherworld: Imagination in the Study of Oral Poetry” . *RMN Newsletter* 10: P 21.

与这种方法分道扬镳的时候。[1]其实，他们最终的选择是站在中立的立场，既不背叛，也保持一定的距离。我们今天仍要承认，历史地理研究法还有足够的发展空间。[2]年轻一代学者未曾感受到历史地理研究法那种权威式的束缚，所以也很难理解它如何和为什么会变成一时让人不敢越雷池一步的教条。

一、宣言是双刃剑

当赫尔辛基大学创建世界上第一个民俗学教席时，芬兰政府就已将民俗学制度化为一门学科。这不是一个武断的行政决定，而是与卡尔·科隆父子提倡民俗学是独立学科的巨大影响有关。现在我们需要回想，为什么当初尤利乌斯·科隆要求将民俗学从其他学科中独立出来？那是因为尤利乌斯·科隆本人是芬兰语与比较文学学科的教授，而不是民俗学学科的教授。他虽然创建了历史地理研究法，但仍不足以让民俗学研究得到充分的

---

❶ Dégh, Linda. 1986b. “Introduction” . In Dégh 1986a: P77–85.

❷ Wolf-Knuts, Ulrika. 2013. “The Omnipresent Method” . In Frog &Latvala with Leslie 2013: P15.

发展。在 20 世纪上半叶，语言学家和宗教学者都纷纷利用、讨论和分析民俗资料，这种取向完全符合民俗学对历史地理研究的强调。❶但当时民俗学没有学科，没有在理论与方法论上明确提出自己的研究取向，反而是人类学和民族学在更广泛的领域中讨论物质文化，把民俗学也吸引了过去，而民俗学本身也没有与民族学和人类学划清边界。❷

卡尔·科隆的就职演说，选择以“芬兰民俗学的方法”为题目，就等于在学术上“亮剑”。他宣告，民俗是一种与文化中的其他现象具有不同运行方式的特殊现象，需要与众不同的分析方法。民俗学培养科学的实证主义和科学思维要求的将所有理论和阐释都要牢固地建立在实证基础上的研究队伍（这在今天也认为是正确的），而

---

❶ Hautala, Jouko. 1954. *Suomalainenkansanrunoudentutkimus*. Helsinki: SuomalaisenKirjallisuudenSeura. Hautala, Jouko. 1969. *Finnish Folklore Research 1828–1918*. Helsinki: SocietasScientiarum Fennica. Wilson, William A. 1976. *Folklore and Nationalism in Modern Finland*. Bloomington: Indiana University Press.

❷ Hultkrantz, Åke. 1960. *International Dictionary of Regional European Ethnology and Folklore*, I. Copenhagen: Rosenkilde& Bagger.P139–140 Bronner, Simon J. 1986. *American Folklore Studies: An Intellectual History*. Lawrence: University Press of Kansas. P88–90.

任何现象的历史发展都将受到与环境有关的科学法则的制约，于是必须建立学科。他的民俗学理论与方法建设引入当时的大学学术语境，这是非常重要的。

卡尔·科隆发展了父亲的“机械过程”方法，将之引入“法”的更高层面，将异文处理为一个受到“法”的控制的过程，这就为民俗学树立了最鲜明的科学地位。从父辈到自己，卡尔·科隆对经典历史地理研究法的发展都是对社会文化规律研究的积累与阐释。他的理想化的民俗“法”被概念化之后，成为不亚于语言学或自然科学的其他任何规律的法则。[1]其他学科的学者含蓄地说，民俗是一套独特的科学法则（即使民俗在历史上体现为普遍的科学“真理”）。而在卡尔·科隆那里，他就对以语文学等其他学科的方法取代民俗学严词拒绝，他指出，民俗是一种独特的现象，民俗学研究需要使用不同的方法，不能直接套用和完全依赖其他学科的方法。他的《民俗学研究方法》认真地将民俗学阐释为与其他学科相关又有差别的独立学科，并直接将“民俗”定义为研究

❶ Dorson, Richard M. 1955. “The Eclipse of Solar Mythology” . *Journal of American Folklore* 68(270): P129–130.

对象，而不是片面强调民族主义。他的强有力呼吁，他为民俗学学科建设付出的所有努力，为将民俗学变成一门学科起到关键作用。[1] 他的《民俗学研究方法》还为民俗学在全球范围内的发展提供了基础。[2] 今天看这部著作，可能显得单薄或天真，但它在当时却毫不含糊地概括了民俗学全部的科学法律和特有方法。他毫不含糊地断言，民俗学有资格成为一种独特的科学研究领域，而且具有广泛的国际性。

二、民俗学学科建设

在卡尔·科隆的率领下，芬兰民俗学在学科建设上取得了长足进步。

首先，是划分大学学科与大学行政组织的不同功能，强调两者的区别。[3]

---

[1] Hautala, Jouko. 1969. *Finnish Folklore Research 1828–1918*. Helsinki: SocietasScientiarum Fennica. P63.

[2] Krohn, Kaarle. 1926. *Die folkloristischeArbeits-methode: Begründet von Julius Krohn und weitergeführt von nordischenForschern*. Oslo: Aschehoug. P36.

[3] Graff, Harvey J. 2015. *Undisciplining Knowledge: Interdisciplinarity in the Twentieth Century*. Baltimore: Johns Hopkins University Press.

其次，是发展交叉学科研究地带。我们曾认为，语言学是独立学科，但从缪勒（Max Müller）提出语言学也要建立“民俗科学”之后，他就成了英国的明星学者。[1]

再次，是发挥体制化的作用。据美国民俗学家道森观察，英国民俗学的衰落，是没有取得体制认可。20 世纪下半叶至今，在各国民俗学中，不论建立民俗学的动机有多少种，但在体制上得到支持并建立了民俗学院系的单位，其民俗学的学科建设都有发展。没有获得体制认可的民俗学学科，就会被其他学科组合、同化或抛弃。[2]巴勃罗·克莱因（Barbro Klein）认为，民俗学的学科建设与国家的政治建设有关，其实在芬兰也有这种情况。不过归根结底，还要看学科带头人的作用。另外，也要把民俗学学科建设纳入国家项目中。瑞典的社会意识形态重视工人阶级的生活状况和社会福利，民俗学与

---

[1] Gomme, G.L. 1885. “The Science of Folk-Lore”. *The Folk-Lore Journal* 3(1): 1.

[2] Dorson, Richard M. 1961. “Folklore Studies in England”. *Journal of American Folklore* 74(294): P305.

这类社会项目挂钩，就会发展作用。[1]美国民俗学与芬兰学派有联系，但美国民俗学与人类学的关系很近。[2]

芬兰民俗学者反思20世纪上半叶历史地理研究法的辉煌时期民俗学蓬勃发展的历程和经验，就更能充分理解，在民俗学的学科建设上，获得独立发展条件的必要性和重要性。虽然在20世纪初卡尔·科隆的立场有所转变，但他将民俗学定义为一门学科，就使民俗学与历史学区别开来，反过来又增加了民俗学接受语文学遗产的可能性。民俗学与民族学和人类学划清界限，使民俗学很快在赫尔辛基大学被体制化。可以说，没有历史地理研究法，民俗学可能还是其他学科中的一个研究方向或研究对象，或者被纳入语文学、人类学、民族学或宗教学等，就像今天的神话学一样无家可归。

---

[1] Klein, Barbro. 2006. “Cultural Heritage, the Swedish Folklife Sphere, and the Others” . *Cultural Analysis* 5: P61–65.

[2] Bronner, Simon J. 1986. *American Folklore Studies*: An Intellectual History. Lawrence: University Press of Kansas. P88–90.

第三章

当代芬兰民俗学

历史地理研究法的霸权被动摇后，钟摆就开始朝着相反的方向摆动。一时间，抵制比较研究和历史研究的的逆流涌动。某些人甚至把历史地理研究法说成是“种族主义”的研究工具，但这种极端的做法并不为大多数芬兰民俗学者所取。[1]实际上，当代芬兰民俗学者需要做的工作，是弥合历史地理研究法论的裂隙，摆脱对进化论方法的依赖，对经典民俗学的遗产加以维护和创新。在 20 世纪大部分时间里，芬兰民俗学都在为此而努力。

---

[1] Peterson-Lewis, Sonja. 2013. “The Ghost of Methodologies Past: Untangling Methods, Methodologies, and Methodologists in Black Studies” . In Frog &Latvala with Leslie 2013: P131–151.

第一节　理论框架

芬兰民俗学界首先要解决整体性问题，即建设理论框架，包括方法、方法论与理论的关系。人文科学在20世纪的漫长岁月里始终未能把方法、理论和方法论三个概念严格地分开。比如，关于口头程式理论的讨论，人们经常会发现，多数人质疑的，只是方法和理论的某个片面部分，并不是口头程式理论的总体性问题。这类片面的争论经常出现，而且喋喋不休，到来头对理论建设并没有产生真正的益处。[1]再如，围绕历史地理研究法的争论，也有一叶障目之嫌，所捆绑的争论，有时还会牵扯到历时性调查等一些相当宽泛的问题，但都没有深入到学术讨论的内部，浮浅冒泡的逆流阻碍了民俗学的发展。[2]怎样打破这种僵局？重要的工作是界定概念。通过厘清和界定新概念的过程，把局部捆绑的片面问题剥离开，回归民俗学的整体理论框架建设。

---

❶ Foley, John Miles. 1988. *The Theory of Oral Composition: History and Methodology*. Bloomington: Indiana University Press.

❷ Honko, Lauri. 1979a. “A Hundred Years of Finnish Folklore Research: A Reappraisal” . *Folklore* 90(2): P141–152.

一、方　法

关于方法，人们也说某种方法，可以表示为一个约定俗成的人类活动过程，或者关于人类活动与相关解释的一系列过程。方法是一种模板，它告诉你应该做什么和怎样去做。方法可能很复杂，也可能很简单，例如，用地图做靶子，向地图扔飞镖，这是一种“随机”选择的方法。在传统民俗学的研究中，方法，是根据特定历史时期、特定地理地点和特定知识环境所采用的具体手段。方法的重要性，在于使用这类方法比使用其他方法更妥当，有时同一类方法可用于不同的研究问题或研究目标。合适的方法，适合回答既定的研究问题，实现既定的研究目标。

二、理　论

理论就是假设。它是一组显性的或隐性的假设，用于表示研究问题的预期值与理解目标。在实际研究工作中，需要使用方法，建立此理论或彼理论之间的联系（即使是用同一台电脑发布信息也如此）。在这里要使用

“信息”这个术语。信息处于不同理论构架的交叉点上，根据所要研究的问题、研究的资料和研究方法的需要，生成对应的内容。芬兰学派的历史地理研究法，包含着里面的系列方法，也使用当下各种理论交叉点上产生的信息，而且可能是比与前一个世纪的信息有更多差异的信息。

三、方法论

方法论是由方法、理论和相关文本化资源组成的矩阵，并拥有价值观和意识形态的规定性。历史地理研究法，在某种历史条件下会变成教条，但就普遍意义而言，它具有整体方法论的功能，被用于研究层面、直观层面和实践层面。它借助制度化的推广，经学术内化后发展。它是一个可以灵活沟通的潜在框架，可以与特定问题建立联系，也可以客观地对外交流、了解和参与。在这里，我们也将方法论与“范式”的术语做比较。迄今为止，范式，是一个广义的文化和历史研究的框架。这个框架的主页，是研究者的世界观。世界观是个“箱”，箱里面放着研究问题和工作内容。研究者也有先验论、偏见、研究标准和伦理原则等，也都放在箱里，这就构成与文化或历史“范式”相对应的“箱”式的操作过程。但相比之下，“范式”的含义更宽泛，属于社会层面，拥有多样化的方法。

冯·西多曾谈到，现在芬兰学者所使用的，是文本导向的相同研究范式，故就方法论而言，仍然是对历史地理研究法的延用。当代芬兰学者应该认识到，他们的方法论应该与卡尔·科隆父子的方法论有所区别。当学术界可以将方法、理论和信息相区别，将方法论与范式相区别时，才有可能回到历史地理研究法的原点上进行讨论，思考它的创新、断裂和再应用。

第二节　从语文学手稿到异文谱系图

一、语文学手稿

在卡尔·科隆的时代，民俗还有另一个术语，就是“手抄本”。研究民俗就是研究手抄本。在对手抄本的研究方面，卡尔·拉克曼提出了“修正分析法”（redaction analysis），并将之十用于手抄本书面复制的过程和复制产品的分析与研究。他认为，除了对优秀手抄作品做特别复制处理，一般性的普通手抄本的复制是另外一种情况。这些手抄本的复制品之间有很高的相似度，因为所有手抄本复制本的来源都是某手写文本，这样一个手抄本出现笔误，据此复制的手抄本就会连续复制这个笔误。例如，某手抄本的一句笔误是："闪电击中黑狗"，下一个手抄本就会出现同类的笔误"闪电击中黑狗"。如果抄写人抄成了"雷击白狗"，其他复制本又会按"雷击白狗"往下抄，继续以讹传讹。如果原文本就是"雷击黑狗"，于是"雷击白狗"又被校正为"雷击黑狗"。如果再将"狗"抄成"猫"呢？后面还会出现抄"猫"的笔误。有时也发生拼写错误，如把一只"猫"抄成"多只猫"（cats），或者抄成"外套"（coats），愈发离谱。由此产生的手抄本可能是一批混乱的异文，激起后来的研究者产生更多的疑问（图 4）。

所谓修正分析法，就是针对抄写的异文复制品进行校勘工作。校勘者需要核对每一个手抄本，检查每一个句子，对异文的生成方式进行分析。在实际操作中，校勘者也会遇到异文提供的意外信息，对此需要辨识和分

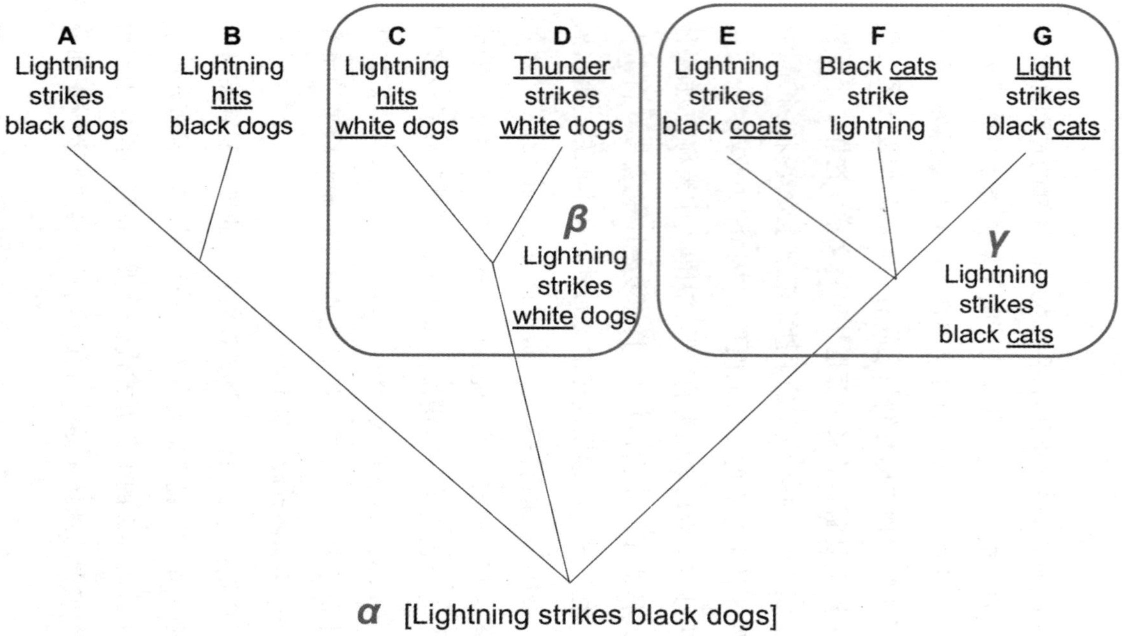

图 4. 例句“闪电击中黑狗”的修订版效果图。其中异文 A 与异文 α 无变化；异文 B 是异文 α 的单一变异；异文 C 和异文 D 是前期修订本 β 的结果，异文 E 与 C 和 D 相同。

类，跟踪它们与早期手稿的语族谱系关系，重建语族谱系树（见图 4）。谱系树有时呈现复杂的层级结构，校勘者则需要撰写相应的层级结构解释系统（见图 2）。

二、异文谱系图

在使用历史地理研究法的民俗学者中，多数人都能将自己的研究成果编制为异文谱系图，用以反映异文资料的共时变化，帮助研究者辨别异文的要素，分析与异文相关的要素，发现它们与其他文化资源或历史资源的关联，这样有助于分析手抄本，改善对它们的分类。

历史地理研究法的目标，是从手抄本或异文中发现“民俗”，观察民俗异文归类的特征，再进行历史演进过程的阐释，重构抽象的类型学。在这种工作中，需要使用大量的调查资料样本和地方用语内码。编绘历史地理分布图是使用历史地理研究法的民俗学者的本行工作，不能说人人擅长，但基本上多数学者可以做到。当然也不是所有异文都存在谱系关系（如网络民俗或单语的古代文本资料库就未必），但对大数据中出现的谱系要素，应该可以被识别和抽取出来。它们可能是民俗体裁中的短语、想象或一个情节单元，可能会生成内码，可能会重复出现某些特征，对此都要在数据使用过程中标出。在正常情况下，下一步的工作，就是把结果识别的要素标在地图的网格上。使用历史地理研究法的民俗学者认为，异文是地缘性的变化的产物，要学会首先从地理分布上考虑如何将各种异文组织起来（but see §4.3），主要是将相关性最强的地理分布要素加以标明，指出相关性特性，这就有助于完成研究工作。今天使用计算机技术会更快捷，研究者输入不同相关联系、不同特征和不同层级的数据，就可以迅速得到数据的组配，获得查询结果。

使用历史地理研究法研究故事叙事文本，通常用字母做代码，以满足比较研究的要求。例如，在多个故事样本中，需要找到故事的母题或情节单元，就要对每组相似的母题或情节单元用同一个字母做标记，这样就能建立比较研究的条件。如果研究的目标只是识别某种传统叙事模式中的某种要素，也可以通过这种方法，获得观察异文的角度（见图 5）。

对叙事文本的特征做字母标记，还有助于将类型学与结构学相交叉开展工作，马蒂·库西（Matti Kuusi）就

Sturlaugs saga	A B(i) C D F E G I H K L M N (P) Q
Bósa saga	A B(i) C D E F G H I J K L M O P Q
Friðþjólfs saga	A B(ii) D E H I K L J M N O P Q
Örvar-Odds saga	(C) A B(ii) G H P K O Q

图 5. 从 4 个中世纪冰岛的圣人故事中提取的母题分析模型，图中的每个字母都是一个母题的代码（只有 B 的两种不同形式），按异文出现的顺序列出，尚未构建异文层级结构。

做了这方面的开创性工作。他考察一组叙事歌，用不同的字母编辑和表示其结构，标记叙事歌中的母题被演唱的口语形式，也标记其他代替性意像或粘连母题。如果对每个母题或情节单元都用一个字母表示，那么在表示顺序中，字母的编码就从 A 开始。举例说，他要分析多种异文中的故事主人公旅途活动，他就把主人公遇到的不同外部环境用交替出现的不同词语表示，这样写：

（他遇到：）（A）一座桥和一座教堂；（B）只是一座教堂；（C）教堂前面有一个干草堆或一个干草垛；或者（C+）一座桥前面又有一个干草堆或一个

> 干草垛；（D）一个篱笆和一座教堂，或者（D+）一座桥，一个篱笆 和一座教堂；或者（D +）；或者（0）只有一座桥。（Kuusi 1975: 44; 1980: 38）.

他使用字母，按字母顺序，把多样化的异文加以有规则的编写。编写后的文本形态，就可以反映母题之间的各种变化。他根据母题变化的关系，而不是仅仅根据尤利乌斯·科隆所说的地理分布，重新组织异文要素，再在谱系图上标记出来，这样就能在谱系图上得到更多的特征信息（见图 6）。

他把这种工作连续做下去，做得越多，就越可能呈现异文的发生过程，然后他再对各种谱系进行层级结构的重组。在这一过程中，他要对处于不同特征交叉点上的年代信息和宗教信息进行识别和补充，还要对表演者的其他民歌进行对比，再谱系图上标记带有这些历史与现实信息的特征，这样他就能在很大程度上展现自己的研究成果。

	1	2	3	4	5	6	7	8	9	10	11	12	Red.
IV 584	O	Ax	A	A	A	A	Ax	A+	A	–	E	Ax	A
IV 1314	A	Ax	A	C	A	A	Ax	A+	A	A	A	A	A
IV 1431	A	Ax	A	C	A	A	A	A	A	Ax	A	A	A
IV 2514	A	A	A	A	A	A	A	E	–	–	–	Ax	A
IV 2565	A	A	A	A	A	A	A	A	A	B	–	A	A
IV 4025	A	A	A	C	A	A	A	A+	A	Bx	Ax	A	A
IV 4569	A	A	D+	C	A	A	A	A+	A	Ax	F	Ax	A
IV 4570	A	A	A	A	A	A	A	A	A	Bx	A	A	A
III 757	B	A	B	B	B	B	B	B+	–	–	–	B	B
III 1909	B	A	B	B	B	B	B	B+	–	–	–	B	B
III 1958	B	–	B	B	B	B	B	B	–	–	–	BA	B
III 2218	B	–	B	B	B	B	B	–	–	–	–	B	B
III 3373	B	C	A	B	B	B	B	B	B	B	–	BA	B
III 1352	C	C	C+	C	B	C	A	C	C	C	C	C	C
III 1960	C	C	C	C	BC	C	A	C	C	–	C	C	C
III 2004	O	C	C+	C	B	C?	–	–	–	–	–	O	C
III 2082	O	C	CD	C	C	C	Ax	A	C	C	C	O	C
III 2730	O	C	D	A	C	C	Ax	A	C	C	C	O	C

图 6. 马蒂·库西叙事歌类型学分析修订本（1975：43-44）。左栏是叙事歌异文的代码。表头数字表示叙事歌的 12 种要素；字母代码表示异文或这些要素修订后的形态；左列逐一列出要素修订情况。此为一般正常排列，并未建构复杂谱系。

三、定量与定性

编绘异文谱系图和用网格化的方式标记民俗学的文本分析成果，这是呈现经过民俗学者的比较研究后所抽取的异文关系的实际步骤。但是，编绘谱系图也有限定：它可以导入定量分析数据，却很难导入定性研究数据。所谓定性研究，是指民俗学者对表演者或传承人的能力、环境、影响、文本量和代表作的研究成果，这些都是异文变化的潜在要素，不能不考虑。大数据是比较研究的基础资料，但绘图方式只能直接吸收定量分析数据，不能直接导入定性分析结果，也不顾及数据提供者的信息权威性。❶这样就不能对所有资源做同等权重的评估，导致资源水平和研究质量的不可信。❷当然，定性研究的成果质量，也会受到研究者的先验论、偏见、伦理原则和循环推理假设的影响。比如，通过观察某些数据，可以支持某种理论假设或讨论，不支持另一种理论假设

---

❶ Honko, Lauri, 1962. *Geisterglaube in Ingermanland*. FFC185.Helsinki: Suomalainen Tiedeakatemia. P126.

❷ Krohn, Kaarle. 1926. *Die folkloristischeArbeits-methode: Begründet von Julius Krohn und weitergeführt von nordischenForschern*. Oslo: Aschehoug.P 43–46.

或讨论。这些因素与数据无关，但会对定性研究成果的使用产生影响。还有，某种故事叙事的异文，可能同时发生在多元结构中，短歌和叙事的措辞、想象、母题和外插事件都有这种现象，这时的定性判断，就取决于研究者是否真正走进这些异文资源，以及在怎样的程度上被异文样本所承载的定性含义所左右。在这方面，经典历史地理研究法纳入了民俗的“法则”，为弥补这类不足提供了工作指南和理论参考框架。总之，无论是定量还是定性，失误都会发生，但我们必须找到定量与定性分析的平衡点，如当代芬兰民俗学者采用“近距离阅读”法，考察可能影响异文的多样化因素[1]，异文如何能变成可识别的共享类型？现代异文是否与资料库贮藏旧样本一致？如何从文化、地理和社会的多角度收集并非一元化的资料？他们在使用更多、更精细的方法展开研究，寻找定量与定性研究的平衡性。

异文谱系图的研究，在目标上，要观察是否能够揭示异文传播的历史层级结构，这是一种历史性与共时性

---

[1] Frog. 2013a. “The Parallax Approach: Situating Traditions in Long-Term Perspective” . In Frog &Latvala with Leslie: P99–129

结合的研究，研究者需要捕获历史信息和掌握历史研究成果，也要找到传统模式在现实社会中的呈现形态。在解决这个问题上，需要再次回到如何处理异文手抄本传播与民俗传播的差异问题。

异文手抄本复制的传播与民俗传播肯定是有很大差异的。民俗传播是一种社会现象，民俗在社会传播中会跟进许多异文。在社会现实生活中，人们通过参与传统活动，获得民俗的内化过程，这种民俗传播的结果，就意味着个体学习接触多样化的异文。但民俗的异文如“万花筒”，不是一本一本复制手抄本的静止结果，而是万马奔腾的变化状态。[1]讲故事的叙事，有些基本情节单元可以通过文本辨认，有些就无法辨认，因为讲述人有个人风格，听众也有接受期待。讲述人以不同的风格进行叙事、解释或总结，还会有不同的结尾。听众在现场也不是被动地听讲，而是将此故事与彼故事进行情节粘贴，或纳入其他桥段，又给予各自的解释。双方在互动中，对故事的内容（主人公、地点、考验和报答等）加以重组，有时整个段落相互

[1] Anderson, Walter. 1923. *Kaiser und Abt*. FFC42. Helsinki: Academia Scientiarum Fennica. P406.

交叉或替换，有时仅有基本情节被保留在异文中，双方都没有固定文本。谜语、谚语和民歌的文本相对稳定，而故事总是出现层出不穷的异文。从原则上说，对民俗传播的分析，不能照搬手抄本复制的原则，因为手抄本传播只是单向的机械操作而已。

马蒂·库西曾对被修订而尚未进入异文谱系图的文本进行研究，详细分析手抄本传播的单向机械操作过程。他的看法是，历史地理研究法的工作，是将传统异文进行抽象的类型化处理，选择出稳定的要素和可变的两种要素，再考察其在地理分布区的呈现模式，这样就会找到两两平行的要素，它们大体可分为三类：

1）独立的和偶然的，
2）可以追溯起源地的和有历史联系的，或者
3）由历史或社会因素所造成的，原本不相关的多样传统与故事的地理分布呈现相关性[1]

[1] Kuusi, Matti, Keith Bosley& Michael Branch (eds. & trans.). 1977. *Finnish Folk Poetry – Epic: An Anthology in Finnish and English*. Helsinki: Finnish Literature Society.

历史地理研究法的下一步工作，是将“1）独立的和偶然的”两个平行要素，与“2)”“3)”的两个平行要素做比较，再做类型化研究，得出以下假设：

A）假设任何遗留物都与其起源的和历史的要素相关。

B）假设在历史因素中造成的地方因素，都可能被抽象为民俗的“标准形式”，反映社会习俗。[1]（见图7）

将历史的和地理的民俗“标准形式”与单一文本建立相关性，再进入比较分析，就能得到一个理论上的意义层级结构，编绘出一幅“异文谱系图”，或者称“异文谱系树形图”（见图8）。

这种研究告诉民俗学者，《异文谱系树形图》呈现了文本产品的进化路线图，与单纯的异文进化路线图比较（见图2），在《异文谱系树形图》中，社会因素所造成

---

[1] Witzel, Michael. 2012. *The Origin of the World's Mythologies*. Oxford: Oxford University Press. P45.

Item	α	β	γ	A	B	C	D	E	F	G	H	I	Organization	δ
I2.709	-		1872	$_1$18 $_2$8	$_1$15 $_2$45	-	2	5	-	18	-	-	ABABDEG	L
I2.713	-		1845	38	74	29	24	-	15*	-	-	-	ABCDF*	L
I2.710	F		1872	21	84	24	6	15	-	(7)	-	-	ABCDEG	L(J)
I2.711	M		1877	18	83	-	27	-	18	19?	-	-	ABDFG?	L
I2.712	M		1872	28	68	-	35	-	20	30	21	39	ABDFGHIX	
I2.789	M	T	1871	21	14	-	9	13	14!	24	-	-	ABDEF!G	L
I2.791	M	T	1871	-	41	10	17	12	-	20	(10)	20	BCDEG(H)I	J/AS
I2.791a	M	T	1877	48	105	28	18	12	-	22	11	24	ABCDEGHI	AS
I2.792	M	T	1894	-	65	-	8	15	-	-	-	-	BDE	L

图 7. 用图表网格编制史诗故事类型数据，引自傅罗格研究《卡勒瓦拉》博士学位论文中采用的 400 首诗歌样本编制（尚待出版）。已存入《卡勒瓦拉》史诗语料库，可由表演者性别和仪式专家提塔贾的专题目录查询保存。A 表示史诗中三个“行为”的场景或部分场景的诗句（未修订）数量，A–I 按表演顺序，还可查询史诗叙事中的主人公姓名、性别、数据来源年份、叙事歌的长度等，这种方法可以用作一种分析工具（傅罗格，2010）。

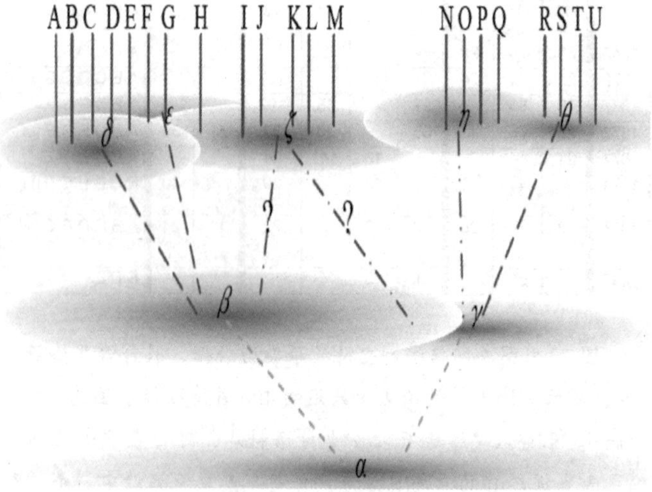

图 8. 异文谱系树形图（可与图 2.《异文关系树形图》比较）(傅罗格重绘，2013b: 21)。

的传播要素更为复杂，社会因素也未必都在《异文谱系树形图》上呈现，但却可以在校勘者提取异文特征层级结构时予以再现，展现抽象化的结果。（见图 9）

这种研究方法将民俗现象划分为固定因素和可变因素，再求助于假设，然后追溯民俗的背景。追到哪里为止才是正确答案呢？也许卡尔·科隆就站在文本的后面，给你正确答案。

到目前为止，芬兰学派仍在强调方法、理论和方法论三者。他们没有继续将历史地理研究法程式化。但他们今天的工作已与 19 世纪和 20 世纪不同。在以往的学术史上，历史地理研究法曾被定位一尊，无懈可击，人人都要照搬，将之应用于史诗、民歌、神话、故事、谚语和其他民俗现象的研究中，生产它们的起源知识或原型知识，其经典之道，足以支撑博士学位论文的写作。然而，今天不同，芬兰民俗学者被期待发展新理论，提出新方法论，并将之投放到新文本个案的研究之中。当代民俗学者也可以研究学术史上的老问题，但研究目标已超出了阐释民俗知识的表层工作，连对博士研究生的学术训练也要求有创新意识。未来的研究者要有自己的方法、理论和方法论，它们还应该成为更灵活的学术工

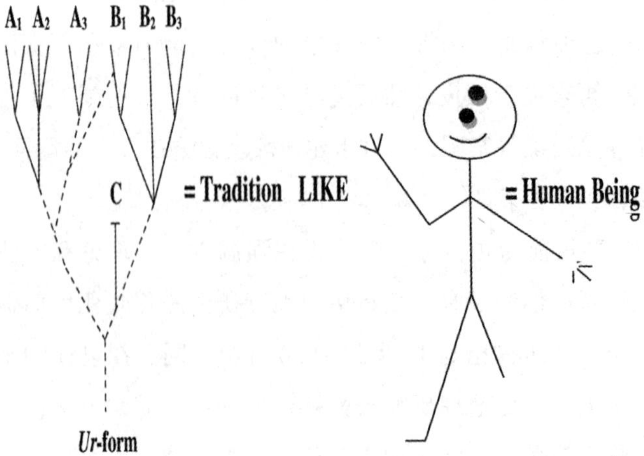

图 9. 异文特征层级结构的抽象模型，已增加远距离重构异文的个案。这种方法可用作分析工具，但它只能提供一般性的解释，具体解释未必完全准确（傅罗格重绘，2013a: 117）。

具，可以做跨文化的研究，可以摆脱一定之规，又能适应现代学术研究的需求。

第三节　重要的概念

历史地理研究法毕竟是经典，它从未完全过时。它的一些工具概念今天仍被使用，而今天流行的很多新概念也与之有着千丝万缕的联系。应该说，随着时间的推移，经典的历史地理研究法还在发展。[1] 当然，批评性地对待它的历史价值仍然是值得的。我们在今天关于文化史、文化传播、文化比较和跨文化的讨论中，依然能够看到继承与批评的双重必要性。

下面就从卡尔·科隆在自身所处历史条件下发表的《民俗研究方法》的宣言进行再评估，重点是讨论历史地理研究法所创造的分析框架、后来的改革与今天的认识。

---

[1] Georges, Robert A. 1986. “The Pervasiveness in Contemporary Folklore Studies of Assumptions, Concepts, and Constructs Usually Associated with the Historic-Geographic Method” .

一、故事型式表

型式表的概念早已被放弃，但其“标准形式”的概念仍在使用。它要求民俗学者在分类分析中，关注显性或隐性要素的共享原则。其中，显性要素的共享原则往往会发展为社区标准意识，也可能会成为跨文化主体性研究的参照框架。❶

二、类型系统和层级结构

历史地理研究法的核心部分已得到发展，即上面所提到的，由芬兰民俗学者建立了多元化的类型系统和异文要素层级结构。它们都在广泛的民俗分类的基础上产生，可以覆盖大多数民俗体裁的研究。各种民俗体裁的文本、母题和类型都成为研究文本，被纳入当代民俗学搜集利用的范畴。

❶ Frog.2016a. “'Genres, Genres Everywhere, but Who Knows What to Think?': Toward a Semiotic Model” . In *Genre – Text – Interpretation: Perspectives from Folklore and Beyond.* Ed. Kaarina Koski & Frog with Ulla Savolainen. Studia Fennica Folkloristica 22. Helsinki: Finnish Literature Society. P47–88.

三、民俗档案

芬兰民俗文献档案被列入民俗学的研究对象，当代民俗学者对历史地理研究法的兴趣是，早期的民俗档案是如何组织起来的？从技术上讲，最初民俗档案是按照媒介样式（如书面抄本或录音带）分类，或者按照搜集者的背景进行分类的，但问题是如何对这些文献档案做内容索引？

毫不奇怪的是，最初是根据研究者最感兴趣的问题编制索引的。至于档案整理的原则是依据项目名称，而不是从分析性的角度出发的。做索引的目的是方便学者查找其项目所需要的资料，帮助他们把资料调取出来，而不是去定义资料。当代芬兰民俗学对民俗体裁的分类经过了长时间的讨论[1]，但提出的问题都比较感性、直观，而不是分析

[1] Frog.2016b. "Linguistic Multiforms: Advancing Oral-Formulaic Theory" .*FF Network* 48:6–11,14. Frog.2016c. "Linguistic Multiforms in Kalevalaic Epic: Toward a Typology" . *RMN Newsletter*11, special issue: *The Ecology of Metre*, ed. Ilya Sverdlov& Frog:P 61–98. Frog.2016d. "Metrical Entanglement and dróttkvætt Composition – A Pilot Study on Battle-Kennings" . In *Approaches to Nordic and Germanic Poetry*. Ed. Kristján Árnason, Stephen Carey, Tonya Kim Dewey, HaukurÞorgeirsson, Ragnar IngiAðalsteinsson&ÞórhallurEyþórsson. Reykjavík: University of Iceland Press. P149–229.

性的，更没有对界定民俗体裁档案的标准进行讨论，这种现象在芬兰各地都存在，理论研究是滞后于档案管理的。[1]有的档案管理者尝试从体裁分类，如谚语，但没有找到谚语体裁的特点，目前还在沿用主题分类。

也许没有必要按照学术分类去给档案分类，但另一个相关问题是，前人已做出公认的成就，今人却对前人留下的档案缺乏全面详细的了解，在很长的时间里没有建立档案管理的整体规划，使前人的宝贵档案只成为学者随机查阅和简单比较的工具。

四、AT 类型

国际故事类型的广为人知的文本是阿尔奈的《世界故事类型索引》。[2]它之所以出名，是因为它已经成为全

---

[1] Honko, Lauri. 1989. “Folkloristic Theories of Genre” . *Studia Fennica* 33: P13–28. Ben-Amos, Dan. 1976. “Introduction” . In *Folklore Genres*. Ed. Dan Ben-Amos. Austin: University of Texas Press. Pix–xlv.

[2] Aarne, Antte. 1910. *Verzeichnis der Märchentypen*. FFC 3. Helsinki: Academia Scientiarum Fennica.revised Thompson, Stith. 1928. *The Types of the Folk-Tale: A Classification and Bibliography*. Helsinki: Academia Scientiarum Fennica. = AT types; Uther, Hans-Jörg. 2004. *The Types of International Folktales* I–III. FFC284–286. Helsinki: Academia Scientiarum Fennica. = ATU types.

球普遍使用的索引系统。它最初在“欧洲中心论”的思想指导下编纂而成，按照历史地理方法的框架编写，按照芬兰书目索引的体例架构[1]，但大都有一定的地方性。后来它也补充了欧洲以外的国家和地区的一些故事类型，吸收了其他学科的成果加以扩充[2]，增加了不同的地方传说系统[3]，或者咒语文本。需要说明的是，从口头记录中搜集和建立类型的工作，在历史地理研究法之前就已经出现。[4]在有的国家，已经对中世纪手稿的记录本和异文进行搜集和开展类型编制的工作。阿尔奈的故事类型系统的价值，如罗伯特·乔治（Robert Georges）所说，是

---

[1] Jason, Heda 2000. *Motif, Type and Genre: A Manual for Compilation of Indices and A Bibliography if Indices and Indexing*. FFC273. Helsinki: Academia Scientiarum Fennica.

[2] Gomme, G.L. 1885. “The Science of Folk-Lore” . *The Folk-Lore Journal* 3(1): 1–16. Kerbelytė, Bronislava. 2015. *The Structural-Semantic Types of Lithuanian Folk Tales*, I–II. FFC 308–309. Helsinki; Academia Scientiarum Fennica.

[3] Christiansen, Reidar Th. 1958. *The Migratory Legends: A Proposed List of Types with a Systematic Catalogue of the Norwegian Variants*. FFC 175. Helsinki: Academia Scientiarum Fennica. Jauhiainen, Marjatta. 1998. *The Type and Motif Index of Finnish Belief Legends and Memorates*. FFC267. Helsinki: Academia Scientiarum Fennica. afKlintberg, Bengt. 2010. *The Types of the Swedish Folk Legend*. FFC300. Helsinki: Academia Scientiarum Fennica.

[4] Taylor, Archer. 1928. “Precursors of the Finnish Method of Folk-Lore Study” . *Modern Philology* 25(4): P481–491.

让国际学界收获了一批“现实”的新类型，这是至关重要的。[1]

五、母　题

经典历史地理研究法所说的“母题”的含义有四：①从对最小叙事单元的假设中发展而来；②通常指任何小于情节的更微小的单元，而不是整个情节[2]；③是一个为比较研究提供索引的工具；④它的双重作用是，同时呈现最小叙事单位和充当重复出现最小叙事单位的讨论工具。

1955—1958年，斯蒂斯·汤普森（Stith Thompson）曾担任世界母题类型系统编制工程的负责人，他谈到“母题”时说：“正是由于它们之间的相似，造成了几乎

---

❶ Georges, Robert A. 1986. “The Pervasiveness in Contemporary Folklore Studies of Assumptions, Concepts, and Constructs Usually Associated with the Historic-Geographic Method” .

❷ Jason, Heda 2000. *Motif, Type and Genre: A Manual for Compilation of Indices and A Bibliography if Indices and Indexing*. FFC273. Helsinki: Academia Scientiarum Fennica.P22.

无差别的结果。”[1]

当代芬兰民俗学者认识到，传统情节单元的传播已被广为认识，但情节单元的形式差别的消失，让它们在单一母题之外，在类型的辨识上，变得模糊不清和问题丛生，这与缺乏后续补充学术术语和学术分类原则的状况有关。在1950—1960年，民俗学界把母题分类看作是一种普世的分类，除了“母题”的概念之后，没有再对它进行过正式的界定。使用历史地理研究法的学者泛泛使用“母题”一词，却从未认识到它的概念本身也是一种需要关注的问题。在史诗《卡勒瓦拉》的研究中，“诗行的数量”被当作描述地方传播或大扩布传播的口头禅，没有再做概念上的认定。[2]阿尔伯特·洛德的（Albert Bates Lord）口头程式理论的出现，正是要挽回这种颓势的一种尝试。为什么？因为口头程式语言也是传播媒介的一部分，但它们可以渗透到历史关系的标识物之中，并有对新民俗的构建作用。但在历史地理研究法中备受

---

[1] Thompson, Stith. 1955. *Narrative Motif-Analysis as a Folklore Method*. FFC 161. Helsinki: Academia Scientiarum Fennica.P7.

[2] Krohn Kaarle. 1888. *Bär (Wolf) und Fuchs: Eine nordischeTiermärchenkette: VergleichendeStudie*. Helsingfors: Die FinnischeLiteratur-gesellschaft.

关注的史诗和歌谣之类，却始终没有对即兴表演体裁的程式化现象加以讨论，而恰恰是这些程式化语言，让体裁本身变得生动有趣。卡累利阿的哀歌也是用程式化的口语演唱的[1]，而它们也不是机械化地复制一个“文本”，但历史地理研究法的使用者却对此熟视无睹，还可能认为这种演唱索然无味。

六、主题群

在故事学领域，研究故事主题群的层级结构，深化对故事的思想研究，这种内容研究的影响力，已超过了形式化的故事类型索引。多年来，形式化的故事类型索引著作反复出版。在这些著作中，相同情节的多样化交叉，造成了故事类型索引的交叉、重复与混乱。它们的主题也与多个主题交叉，在体例上纠缠不清。[2] 近年在芬兰出版的

---

❶ Nenola, Aili. 1986. “The Units of Comparison in the Study of Baltic-Finnish Laments” . In Dégh 1986a:P204–220. Stepanova, Eila. 2014. *Seesjärveläisten itkijöiden rekisterit:Tutkimus äänellä itkemisen käytänteistä, teemoista ja käsitteistä*. Kultaneiro 14. Joensuu: Suomen Kansantietouden Tutkijain Seura. Stepanova Eila. 2015.

❷ Dundes, Alan. 1962. “From Etic to Emic Units in the Structural Study of

ATU 类型有所改进，很快被广泛地接受和熟练地运用，其编纂原则也是易于直观地掌握。这类新的索引系统是在实践中发展起来的，但也随之产生了新问题：有些故事类型被认定为纯形式类型，有些故事类型在本地历史的多样化交流中形成，有的故事类型在比较中发展。阿兰 · 邓迪斯（Alan Dundes）尝试建设一种结构类型学。❶ 立陶宛设计了结构—语义类型系统，在抽象层面上组织故事和民俗资料，颇有创意。❷ 主题群概念的提出，已使这项研究问题化。

现在芬兰民俗学者的态度是，只把故事类型当作索引的分类，而不是分析的工具；只当作前人界定资料的结果，而不是当代查阅资料的指南。

Folktales". *Journal of American Folklore* 75(296): P98.

❶ Dundes, Alan. 1962. "From Etic to Emic Units in the Structural Study of Folktales". *Journal of American Folklore* 75(296): P95–105.

❷ Kerbelytė, Bronislava. 2015. *The Structural-Semantic Types of Lithuanian Folk Tales*, I–II. FFC308–309. Helsinki; Academia Scientiarum Fennica.

七、静态研究与动态研究

历史地理研究法有一种假设，就是静态地看待文本的稳定性，这个观点也符合传统民俗学者的认识。普罗普（Vladimir Propp）很早对历史地理研究法提出批评，还提供了形态学的研究模型，创立了动态结构框架，对历史地理研究法取而代之。[1] 在苏联学派中，在故事学的建设上，普罗普还提供了一个非常有价值的起源论研究视角。[2] 他的故事形态学也被苏联学派理解为抵制历史地理研究法的理想化工具。

按照普罗普的说法，相似的故事类型不是通过讲述人的复述复制的，而是或多或少都是从形态中自发产生的，就像独立的语句可以从语言的词汇和语法中产生一样。我们并不需要在历史地理研究法和普罗普的形态学方法之间二选一，相反，我们可以将普罗普的形态学看

---

[1] Propp, Vladimir. 1958 [1928]. *Morphology of the Folktale*. Bloomington: Indiana University Press.

[2] Jason, Heda. 1970. "The Russian Criticism of the 'Finnish Method' of Folktale Scholarship". *Norveg* 14: P285–294. Dégh, Linda. 1969 [1962]. *Folktales and Society: Story-Telling in a Hungarian Peasant Community*. Trans. Emily M. Schossberger. Bloomington: Indiana University Press.

作是对历史地理研究法的补充，用以弥补历史地理研究法在动态异文研究方面的缺陷。普罗普的研究，还让我们看到历史地理研究法在跨文化编制故事类型上的亮点，使之有可能经过改进后，变成更适用的分类法（决不仅仅是为了建立索引）。普罗普也有意识地让他的方法成为俄罗斯故事研究的专业化工具。无独有偶，米尔曼·帕里（Milman Parry）和阿尔伯特·洛德的口头程式理论做了相同的工作。[1]不过阿尔伯特·洛德回避使用历史地理研究法的“故事类型”“母题”和“主题”等概念，他将口头程式理论拓展到结构研究，并在这个层面上，关注情节单元和故事类型。

今天，在芬兰，情节单元和类型越来越被当作语音学的索引工具，或者开发为基于语义分类的抽象形态。学者们还认为，本土化和大数据、社区和异文，都正在变成抽象化的对象，容易让人们理解和接受。当代抽象化的新术

[1] Parry, Milman. 1928.*L'épithètetraditionnelledansHomère*. Paris: Société d' Éditions “LesBellesLettres” . Lord, Albert B. 1960. *The Singer of Tales*. Harvard Studies in Comparative Literature 24. Cambridge: Harvard University Press. Honko, Lauri. 1986. “Types of Comparison and Forms of Variation” .

语不代表传统形式，而代表抽象形态的价值，代表开展地方性研究的新视角和发展异文研究的参考框架。[1]

第四节 文本研究方法

经典历史地理研究法在芬兰学派中投下了一个很长的阴影。但在长达半个世纪的时间里，经过博雷纽斯（A.A. Borenius）发表的奠基性论文（1873）和卡尔·科隆出版《民俗学研究方法》一书（1926）[2]，经典历史地理研究法又曾得到极大的振兴。至20世纪中后期，它的以文本为中心的研究范式中依然在发展，虽然它在后期可被提到的重要观点和贡献不多，但在芬兰学派特色的建设上，特别是在《卡勒瓦拉》史诗和神话的研究上，它

---

[1] Frog.2016a. "'Genres, Genres Everywhere, but Who Knows What to Think?': Toward a Semiotic Model" . In *Genre – Text – Interpretation: Perspectives from Folklore and Beyond.* Ed. Kaarina Koski & Frog with Ulla Savolainen. Studia Fennica Folkloristica 22. Helsinki: Finnish Literature Society. Pp. 47–88.

[2] Borenius, A.A. 1873. "Missä Kalevala on syntynyt?" *Suomen Kuvalehti* 1: P269–274. Krohn, Kaarle. 1926. *Die folkloristischeArbeits-methode: Begründet von Julius Krohn und weitergeführt von nordischenForschern.* Oslo: Aschehoug.

的表现依然是最活跃的。

一、文本的上下文

卡尔·科隆提倡的经典历史地理研究法专注于文本。他本人对民众比较疏远，也不大理会语言文化的接触史。他把文本或多或少地看作是自发传播的结果，冯·西多称之为“自动迁移论”[1]，韦伊内·萨尔米宁（Väinö Salminen) 认为，卡尔·科隆的文本研究特点，就是做“文本的上下文研究”，卡尔·科隆本人也强调过做这种研究的重要性。举个例子说，他认为，研究史诗中的婚礼歌，只要把这种民歌文本的内容与民歌演唱的上下文语境结合起来就行了[2]，当然，他说的上下文，也包括对史诗的听众和观众怎样影响史诗的创作做研究。[3]韦伊内·萨尔米宁与涅米（A.R. Niemi）在两人合作的另一篇

---

[1] von Sydow, C.W. 1934 [1948]. “Geography and Folktale Oicotypes” . In von Sydow 1948b: P46.

[2] Salminen, Väinö 1917. *Häärunotutkimuksia I. Länsi-Inkerin häärunot*. Helsinki: SuomalaisenKirjallisuudenSeura.

[3] Salminen, Väinö 1934. *Suomalaisten muinaisrunojen historia*. Helsinki: Suomalaisen Kirjallisuuden Seura.P200–203.

论文指出，肯定不能只用卡尔·科隆的文本中心化范式，他只在特定的历史地理语境中做比较研究是不够的，他还应该考察《卡勒瓦拉》史诗的其他语言接触史，开展多语种的比较研究。塞泰莱曾组织过一项大型研究，使用相似的材料，运用“类型学的方法”。他走卡尔·科隆路线，但并没有取得什么进展（见图6)。[1]

二、文本的终结者

马尔蒂·哈维奥（Martti Haavio）指出，文本中心化范式的假设，在于每首民歌在完成阶段都要取决与原创的歌手个体，此个体应该是文本的终结者。这个想法很浪漫，但却带来另一种主张，就是把民歌的历史背景当作延伸研究的重点。马尔蒂·哈维奥带领一批人搜集不同历史背景的民歌，调查民歌传播的历史环境，假设原创诗人是谁。[2] 他追随卡尔·科隆的文本中心化范式，认

---

[1] Setälä, E.N. 1932. *Sammon arvoitus*. Helsinki: Otava.P475.

[2] Haavio, Martti. 1952. *Väinämöinen. EternalSage*. FF Communications 144. Helsinki: Academia Scientiarum Fennica.P38–39. Harvilahti, Lauri. 2012. “Finland” . In Bendix & Hasan-Rokem 2012:P 399.

为每首民歌都是原创作品，只不过在传播过程中受了损伤。他还发明了一种“母题历史分析法”[1]，对世界范围内的传统情节和情节要素进行历史比较研究，然后对母题传播史进行构建。[2]他对文本中心化范式的再创造大于批评，实际上却是自说自话。比方说，他构建一个故事的传播史，就用古埃及的故事与《卡勒瓦拉》的史诗故事直接对接[3]，寻找中间的“近乎幻想的证据链”[4]。用今天的眼光看，马尔蒂·哈维奥的研究门槛不高。他对芬诺-卡累利阿史诗故事的研究使用了庞大的语料库，但他对资料的分析是有选择的，而不是系统性的。他对异文的比较也如此。他喜欢做十分宽泛的比较，编制大量文本上下文无关的母题或情节。他不管那些平行的情节

[1] Hautala, Jouko. 1954. *Suomalainenkansanrunoudentutkimus*. Helsinki: SuomalaisenKirjallisuudenSeura. Wilson, William A. 1976. *Folklore and Nationalism in Modern Finland*. Bloomington: Indiana University Press. Harvilahti, Lauri. 2012. “Finland” . In Bendix & Hasan-Rokem 2012: P391–408.

[2] Harvilahti, Lauri. 2012. “Finland” . In Bendix & Hasan-Rokem 2012: P399–400.

[3] Haavio, Martti. 1965. “Lemminkäinen” . *Virittäjä* 69: P359–372.

[4] Harvilahti, Lauri, & Elina Rahimova. 2012. “Lemminkäinen – Adventure-Loving Braggart or Mythic Hero?” . In Frog et al. 2012: P75.

单元是否出自偶然，也不考虑它们是否代表文化本身所关心的传统，只是按照他自己设想的原则做研究。他出版了很多书，但他的书只能是让别人分析的对象，而不是被别人用作学术指导。

三、诗行数量问题

在卡尔·科隆之后，在改进文本中心化的范式上，马蒂·库西做了了不起的工作。他用自己创造性的新研究成果为这种研究方法带来了实质性的改变。他的研究不限于历史地理研究法，也不限于文本中心范式，而是创建了一套民俗运行与变迁理论。在他看来，民俗不仅在历史中占有一席之地，而且在历史传统与现实社会中都提供了适合异文发展的双重资源。约科·豪郝塔拉（Jouko Hautala）曾提出对“诗行的数量”的新解释，认为史诗文本的积累，可以通过表演者的表演形式呈现出来。在史诗资料库中，诗行的换位或重组，也可以被观察到。[1] 他的研究路线离卡尔·科隆也不远。但是，马

[1] Hautala, Jouko. 1954. *Suomalainenkansanrunoudentutkimus*. Helsinki:

蒂·库西把他的表述聚焦到一个实质性的问题上，即史诗表演具有提供历史分层与多元背景的双重潜能。其中，历史分层在“原创诗人”那里就分层的，不过马蒂·库西更明确地指出，新创作的形成，发生在诗人继承传统和借鉴现实的共享环境中。学者应将每首民歌或每个故事放在这种时间的连续体上，看到它们中间的一部分可能是由历史传统构成的，也可能有一部分在现实环境形成的新异文。异文能引入一个传统熟悉的诗句、形象、母题或插曲，也可能是一个有单独历史和异文谱系的新文本，也可能是历史传统和异文谱系相交叉的产物。关于多元背景，可能要比史诗被记载的历史还古老。马蒂·库西真的很像卡尔·科隆，但他将民俗与文本区分开来，又将注意力转移到历史和文本关系的复杂性上。他不仅重构文本的历史，还能观察异文是动态传播。[1]

SuomalaisenKirjallisuudenSeura.

[1] Kuusi, Matti. 1963a. “Esisuomalainen runous” . In Kuusi 1963f: P31–80. Kuusi, Matti. 1963b. “Keskiajan kalevalainen runous” . In Kuusi 1963f: P273–397. Kuusi, Matti. 1963c. “Myöhäiskalevalainen runous” . In Kuusi 1963f:P398–417.Kuusi, Matti. 1963d. “Sydänkalevalainen runous” . In Kuusi 1963f: P216–72. Kuusi, Matti. 1963e. “Varhaiskalevalainen runous” . In Kuusi 1963f: P129–215.

马尔蒂·哈维奥热衷于起源研究，对历史分期和研究传统都要寻找源头，马蒂·库西却把目光投向民歌文本的分层结构和动态传承研究。他提出的另一个重要的而容易被人忽视的观点，即在研究《卡勒瓦拉》史诗传播的方法上，还要看到风格特征与程式化语言有所不同，风格特征对于“诗行的数量”构成的作用，会比程式化的措辞的作用更稳定。他的方法是将史诗的风格形式、语言内容和意识形态联系起来考察，此举可覆盖民俗时间连续体的长时段历史转变，在这个连续体中，不同传统之间的变化和互动，在不同阶段的表现也很有趣。他的不足是，虽然为文本研究范式提出了精妙的改进方案，却从未进行过实证研究。尽管如此，他还是接近于建立动态分析模型，这种贡献的程度，几与科隆父子媲美。

第五节　从民俗的语言到索绪尔的语言

芬兰学派的坎坷，也被称为“断层”[1]，发生在第二次世界大战之后。在大约十余年的时间里，芬兰民俗学陷入民族主义宣传的困境中。劳里·航克指出，困境开始于 20 世纪 50 年代后期[2]，民俗学者在这个阶段的研究重点是还是文本，不过已侧重于语境。60 年代至 70 年代，芬兰民俗学转向现代田野作业。在此期间，自 1965 年开始，芬兰文学研究会使用新政治观从事民俗档案的搜集工作。[3]据劳里·航克观察，就在这时，《卡勒瓦拉》史诗的研究悄然退出了中心学术舞台，失去了影响力：“战场上的战士变得越来越沉默，除了韦伊内·考科宁（Väinö Kaukonen）和马蒂·库西，已无人发声”[4]。韦伊内·考科宁在进行《卡勒瓦拉》的形式研究，马蒂·库西在推进

[1] Harvilahti, Lauri. 2012. “Finland” . In Bendix & Hasan-Rokem 2012: P402.

[2] Honko, Lauri. 1979a. “A Hundred Years of Finnish Folklore Research: A Reappraisal” . *Folklore* 90(2):P141–152.

[3] arvilahti, Lauri. 2012. “Finland” . In Bendix & Hasan-Rokem 2012: P402-404.

[4] Honko, Lauri. 1979a. “A Hundred Years of Finnish Folklore Research: A Reappraisal” . *Folklore* 90(2): P149.

历史地理研究法。他们的工作也暗示出，即便在寒冷的岁月中，《卡勒瓦拉》雄风犹在，保持着历史地理研究法时代的巨人姿态。

一、民俗与语言

但民俗学的研究出现了变故。卡尔·科隆在形势的压力下，将民俗学与索绪尔（Ferdinand de Saussure）的语言学挂钩[1]，重新界定民俗，把民俗描述为“语言”，是从抽象系统抽取出来的，与“讲演”相反的“语言”，是在语境化的实践中使用的“语言”。然而，20 世纪 60 年代之后发生的人文科学思潮范式的变化，又要求芬兰民俗学重新发明和界定自己的概念，在这方面，最大的变化，是劳里·航克对表演理论的引进。

[1] Saussure, Ferdinand de. 1916 [1967]. *Cours de linguistiquegénérale*. Paris: Éditions Payot&Rivages.

二、表演代理人

由于历史地理研究法铺垫了重视史诗表演研究的基础，芬兰学派在急需改革的时期，最有可能引入的，就是以表演为导向的研究和相关理论。劳里·航克成为这一重大改革的领军人物。在芬兰民俗学者中，他接受过历史地理研究法的正规训练，从事广义的比较研究[1]，有强大的学术背景。他领导芬兰民俗学界实现了民俗表演研究的转型。新的表演理论提供了一个可供广泛参考的框架，就是将研究个人表演与研究表演的传统语境相结合，而不是将两者分开，更不是分门别类地贴标签。民俗学者要对民俗表演重新概念化，将表演者定义为代理人（agent），把研究视野从传统和历史扩大到现实社会。这不等于放弃传统，而是将传统的形式、功能和意义共同关注，从寻找传统的连续性转向寻找传统的现代异文。这种变化是本质性的，是使民俗学的研究对象发生了根本的、而且是尚未被认识到的变化。从这时起，民俗学的研究，关注与单一文本的创作或表演相关联的综合性特征。具

[1] Honko, Lauri. 1959. *Krankheitsprojektile: UntersuchungübereineurtümlicheKrankheitserklärung*. FFC178. Helsinki: Suomalainen Tiedeakatemia.

体说，从将民俗语言视为抽象的和理想的媒介，转向将民俗语言视为假设的语言形式和形式的异文；从民俗语言在现实应用中的某些含义的稳定性，转向民俗的整体稳定性。卡尔·科隆的民俗语言研究法，简单地寻找理想化的抽象性，或者从语言的谬误中寻找意义。而这时对民俗传播的研究，随着现实语境研究的升温，以及批评标准的提升，对民俗传播也产生了新的理解，导致民俗学与早期历史地理研究法割席，另走新路。但在这个过程中，每个人都忽略了对事物反面的认识，即需要讨论的是同一枚硬币的两面，而不是只在一面上兜兜转转。不无讽刺的是，当时学者声称将两面的研究都覆盖了，实际上，在当时的研究导向下，民俗学的两面研究不过是空有其名而已。这种片面性，被劳里·航克在后来的工作中逐步纠正。

民俗表演者的研究，在开始阶段，也招致了理论批评，但这却促使芬兰民俗学者对历史地理研究法的反思与合理利用。尤利乌斯·科隆有个基本原则，就是在史诗的资料库中，异文是有规律的，异文有规则的管理，是分析异文的基础。后来芬兰民俗学者发现，当个体表演者的反复表演被观众多次观看时，所造成异文变化的因素是数不胜数的，任何因素又都有可能让表演的结果出乎意料。如果是这样的话，异文的产生的因素就是不规则的，民俗学者就不可能在某种单一的传统历史语境或在具体资源之外，提出任何有根据的主张。

三、传统池

一般民俗学者转向表演理论研究时，会专注于微观表演，忽视将集体传统作为参考框架，不善于对具体现象进行抽象提升，这样就很难从微观个案中拔出脚来向前迈进，这种研究就不能成为其他学者的研究做参考。[1]马蒂·库西曾尝试从表演的角度，拓宽对《卡勒瓦拉》史诗的研究，考察在表演环境中传统的可用性。劳里·航克果断地解决了这个问题。他将宏观的比较与对表演者个体的研究兴趣结合起来，一方面主攻个体表演者的研究，一方面建立起可供普遍适用的理论。[2]他发明了一个著名的“传统池”（pool of tradition）的概念，

---

[1] Bronner, Simon J. 2016. “Toward a Definition of Folklore in Practice” . *Cultural Analysis* 15(1): P10.

[2] Honko, Lauri. 1998. *Textualising the Siri Epic*. FF Communications 264. Helsinki: SuomalainenTiedeakatemia.

"池"即在某种环境中的全部资源谱系[1]，"池"本身也有拥有资源的集合性。让劳里·航克感兴趣的是"池"对资源的组织方式。他用生态学的方法开发民俗学研究方法的武库[2]，又发明了"传统生态学"（tradition ecology）新研究法。他用这种方法考察后发现，民俗体裁和其他传统资源与一般有机物一样，都有自己的生态分布和相互作用。[3]他借用冯·西多的"社会类型"概念[4]，与阿尔

---

[1] Honko, Lauri. 1998. *Textualising the Siri Epic*. FF Communications 264. Helsinki: SuomalainenTiedeakatemia. P70–71. Honko, Lauri. 2000. "Text as Process and Practice: The Textualization of Oral Epics". In *Textualization of Oral Epics*. Ed. Lauri Honko. Trends in Linguistics 128. Berlin: Mouton de Gruyter. P18–19.

[2] Hafstein, Valdemar. 2001. "Biological Metaphors in Folklore Theory: An Essay in the History of Ideas". *Arv: Scandinavian Yearbook of Folklore* 57: P7–32.

[3] Honko, Lauri. 1981b. "Traditionsekologi – EnIntroduktion". In *Tradition ochMiljö: EttkulturekologisktPerspektiv*. Ed. Lauri Honko&OrvarLöfgren. NIF Publications 11. Lund: Liber Läromedel. P9–63. Honko, Lauri. 1985. "Rethinking Tradition Ecology". *Temenos: Studies in Comparative Religion* 21:P55–82. Honko, Lauri. 1989. "Folkloristic Theories of Genre". *Studia Fennica* 33: P13–28. Kamppinen, Matti. 1989. *Cognitive Systems and Cultural Models of Illness: A Study of Two Mestizo Peasant Communities of the Peruvian Amazon*. FF Communications 244. Helsinki; Academia Scientiarum Fennica. P37–46.

[4] von Sydow, C.W. 1934 [1948]. "Geography and Folktale Oicotypes". In von Sydow 1948b: P44–59. Hasan-Rokem, Galit. 2000. "Aurora Borealis: Trans-

贝特·埃斯凯勒德（Albert Eskeröd）的“传统主导地位”概念[1]，提出了自己的动态研究法，并用这种方法处理异文。[2]他将多种比较研究的方法兼收并蓄，都放到历史地理研究法的平台上，重新发展类型学的研究，如对哀歌传统做了全球调查，建立了芬兰学派的新个案[3]，他有一个历史性的推断[4]，即对于传统历史相关性的假设，不是探索历史本身。[5]劳里·航克的这些创新方法进入芬兰民

Formations of Classical Nordic Folklore Theories” . In *Norden og Europa: Fagtradisjoner i nordisketnologiogfolklotistikk*. Oslo: Novus Forlag. P269–285. Hasan-Rokem, Galit. 2016. “Ecotypes: Theory of the Lived and Narrated Experience” . *Narrative Culture* 3(1:6): P110–137.

[1] Eskeröd, Albert. 1947. *Årets Äring: Etnologiska Studier i Skördens och Julens Tro och Sed*. NordiskaMuseetsHandlingar 26. Stockholm: Nordiskamuseet. P79–81.

[2] Honko, Lauri 1979b. “Perinteensopeutumisesta” .*Sananjalka*21:P 57–76. Honko, Lauri. 1981a. “Four Forms of Adaptation of Tradition” . In *Adaptation, Change, and Decline in Oral Literature*. Ed. Lauri Honko&Vilmos Voigt. Studia Fennica 26. Helsinki: SuomalaisenKirjallisuudenSeura. P19–33. Honko, Lauri. 1981b. “Traditionsekologi – EnIntroduktion” . In *Tradition ochMiljö: EttkulturekologisktPerspektiv*. Ed. Lauri Honko&OrvarLöfgren. NIF Publications 11. Lund: Liber Läromedel. P9–63.

[3] Honko, Lauri. 1974 “Balto-Fennic Lament Poetry” . In *Finnish Folkloristics 1*. Ed. PenttiLeino with Annikki Kaivola-Bregenhøj&Urpo Vento. Studia Fennica 17. Helsinki: SuomalaisenKirjallisuudenSeura. P9–61.

[4] Honko, Lauri. 1963. “Itkuvirsiperinne” . In Kuusi 1963f: P81–128.

[5] Honko, Lauri. 1986. “Types of Comparison and Forms of Variation” . In

俗学理论层后，打破了芬兰学派多年的沉寂，极大地丰富了芬兰学派的当代研究成果。他提出，当代民俗学的研究有助于建立民俗话语，使民俗成为显性的社会文化现象。劳里·航克为提升芬兰民俗学的国际地位做出了杰出的贡献。

历史地理研究法以文本为中心曾走向衰退，但没有消失殆尽。《卡勒瓦拉》史诗的研究一度被边缘化，但后来《卡勒瓦拉》的国家地位提升了，《卡勒瓦拉》史诗研究也回到了芬兰学派的学术中心。在这方面，芬兰民俗学者也指出，在当代的《卡勒瓦拉》研究中，不应只把它当作传统资源，专门用来建设《卡勒瓦拉》本身的研究框架和支撑档案化的工作，它更应该被用来建设新理论和发展新的研究兴趣。在这里，我介绍一些青年民俗学者研究《卡勒瓦拉》的新成果。莱阿·维尔塔宁（Leea Virtanen）对《卡勒瓦拉》的卡累利阿语演唱方式进行了“回顾经典”的研究。[1]她调查了从爱沙尼亚到卡累利阿地区的民歌流传状况，指出，在南方地区，沿

Dégh 1986a:P105–124.

[1] Virtanen, Leea 1968. *Kalevalainen laulutapa Karjalassa*. Suomi 113:1. Helsinki: Suomaliasen Kirjallisuuden Seura.

着地理延伸的路线，女性歌唱的传统在增加。[1]这一研究反映出，在经典历史地理研究法中，关注特定史诗文本意识形态的研究方法是值得肯定的。[2]关于传统的动态变化研究进入了青年民俗学者的视野，艾利·内诺拉（Aili Nenola）的《英格里的哀歌》是这方面的尝试。[3]萨图·阿波（Satu Apo）专攻民间故事研究[4]，进行了跨话语（across discourses）的定位研究（1995b; 2001）。她对经典历史地理研究法持批评态度，但她也认为，前人留下的丰富档案是民俗学发展的源泉。[5]

---

[1] Virtanen, Leea 1987. "Suomalaisen ja virolaisen kansanrunouden suhteista". In *Viron Veräjät: Näkökulmia folkloreen*. Ed. Leea Virtanen. Helsinki: Suomalaisen Kirjallisuuden Seura. P14–34.

[2] Tarkka, Lotte. 2013 [2005]. Songs of the Border People: Genre, Intertextuality, and Metapoetry in Kalevala Metre Rune-Singing. FF Communications. Helsinki: Academia Scientiarum Fennica.P90.

[3] Nenola-Kallio, Aili1982. *Studies in Ingrian Laments*. FFC234. Academia Scientiarum Fennica, Helsinki. Nenola, Aili. 1986. "The Units of Comparison in the Study of Baltic-Finnish Laments". In Dégh 1986a:P204–220.

[4] Apo, Satu. 1995a.*The Narrative World of Finnish Folktales*. F C256. Helsinki: Academia Scientiarum Fennica. Apo, Satu.2018.*Ihmesatujenhistoria: näkökulmiakirjailijoiden, kansankertojienjatutkijoiden tradition*. Helsinki: SuomalaisenKirkallisuudenSeura.

[5] Apo, Satu. 1986. "Questions Arising in the Comparative Study of Magic Tales". In Dégh 1986a: P177–186.

四、神话形象

安娜—列娜·茜卡拉（Anna-Leena Siikala）是芬兰当代民俗学界开展比较研究的杰出学者之一，正是她的出色工作，重新激发起人们对《卡勒瓦拉》比较神话学的研究兴趣。她的学术生涯开始于西伯利亚萨满教的比较研究[1]，后转向现代民俗学的田野研究。她借鉴冯·西多〔von Sydow〕的“传统承担者”（tradition bearer）和“类型叙述者”（typology of narrators）的概念，又根据它们与传统的关系加以新的发展。[2]她参加了史诗歌手表演习惯的分类方法研究。[3]她发现演唱者在讲传说的某部分时，会经常进行语言重复，暗示下面的语言与表演者回

---

[1] Siikala, Anna-Leena 1978. *The Rite Technique of the Siberian Shaman*. FFC 220. Helsinki: Academia Scientiarum Fennica.

[2] Siikala, Anna-Leena.1990 [1986].*Interpreting Oral Narrative*. FFC245. Helsinki: Academia Scientiarum Fennica.Siikala, Anna-Leena. 1986. “Variation in the Incantation and Mythical Thinking: The Scope of Comparative Research” . In Dégh 1986a: P187–204.

[3] Siikala, Anna-Leena. 2002b. “The Singer Ideal and the Enrichment of Poetic Culture: Why Did the Ingredients for the *Kalevala* Come from Viena Karelia?” . In *The Kalevala and the World's Traditional Epics*. Ed. Lauri Honko. Studia Fennica Folkloristica 12. Helsinki: Finnish Literature Society. P26–43.

忆的叙事内容有关。她提出了“结晶化”的概念，并将之延伸到《卡勒瓦拉》史诗表演规律的研究中。❶

安娜—列娜·茜卡拉对芬诺—卡累利阿仪式专家蒂耶泰耶（Tietäjä）进行了大量研究，这位专家擅长惊厥仪式和惊厥术，经常在《卡勒瓦拉》史诗演唱时，在念咒语和讲故事时使用。❷ 她的研究在对民歌的比较分析基础上进行，但重点是仪式专家和他的仪式活动全过程。她从史诗文本转向“神话形象”比较研究，但避免与“母题”和历史地理研究法的传统提法相混淆。她的“神话形象”法具有普遍的推广意义。她讨论史诗仪式的传达符号，讨论仪式表演专家的行为和仪式对象本身所传达的符号。她不再考虑历史地理研究法对重建类型结构的努力，而是通过广泛的比较研究，揭示传统分层结构的性质，包括追溯乌拉尔文化遗产的特征，及其与邻近文

❶ Siikala, Anna-Leena. 1986. “Variation in the Incantation and Mythical Thinking: The Scope of Comparative Research” . In Dégh 1986a: P187–204. Frog.2016c. “Linguistic Multiforms in Kalevalaic Epic: Toward a Typology” . *RMN Newsletter*11, special issue: T*he Ecology of Metre*, ed. Ilya Sverdlov& Frog: P61–98.

❷ Siikala, Anna-Leena. 2002a [1992]. *Mythic Images and Shamanism: A Perspective on Kalevala Poetry*. FF Communications 280. Helsinki: Academia Scientiarum Fennica.

化的关联与变化，基督教影响的不同层次。她强调，连续性取决于持续的相关性，正是这一点，使她可以解释传统的适应性，传统如何随着时间的推移而调整、重新组合和重新解释，她描述这种动态传承是不停转动的“万花筒”[1]。

与卡尔·科隆和马蒂·库西的研究模式不同，安娜—列娜·茜卡拉将尤利乌斯·科隆的进化论思想与相对接近的历史语言学方法结合起来加以发展。历史语言学通过词源学的溯源，考察词语的分层，揭示某种语言与其他语言接触的时代，或者语言在特定文化变迁影响下发生的波动。她真正目标是着眼于民俗语言层级结构的背后东西，如民俗语言与铁器时代战争影响的关系，民俗语言与中世纪基督教影响的关系，民俗语言与早期语言遗产影响的关系等。历史语言学认为，文化模式的影响不依赖于个别单词的词源，安娜—列娜·茜卡拉也要做这类工作，但她同时也关注最小语言元素而不是整个情节，那些情节在传统中被应用，无论在史诗内部，还是在更

[1] Siikala, Anna-Leena. 2012b. “Myths as Multivalent Poetry: Three Complementary Approaches”. In Frog, Siikala & Siikala Jukka. 2006. “The Ethnography of Finland”. *Annual Review of Anthropology* 35: P19.

灵活多变的体裁中，如咒语，都已具有适应性。她的研究根植于史诗资料库，然后研究传统的历史语境的功能，在此前提下，她关注影响文化模式不依赖单一民俗的个案。

安娜—列娜·茜卡拉也将这项研究转向表演，并尽量将两者统一起来。她的方法是研究传统功能与社会成员个体的相关性、研究传统功能不断变化的意义，研究传统中的异文如何与表演者代理人、他们的社会圈子，以及研究他们在社会中参与历史变革的影响。安娜—列娜·茜卡拉把起源研究作为次要问题，她无意于重建早期传统的形式，她在近期根据方言研究传统中的异文，扩建民俗语言的模型。她认为，这些方言与传统可能具有历史相关性，但又不被允许建成独立的单一形式或还原为原初形式[1]，所以她否认重建假设对恢复最初形态的可能性，转而关注人们如何从适应传统到适应现实环境，并使用他们的方言创造意义。安娜—列娜·茜卡拉的工作从一个角度反映了当代芬兰民俗学者的关注重点。她

---

[1] Siikala, Anna-Leena. 2002a [1992]. *Mythic Images and Shamanism: A Perspective on Kalevala Poetry*. FFC 280. Helsinki: Academia Scientiarum Fennica.

的新方法是她扎根田野研究的“结晶体”。

美国也有表演学派，美国的表演学派理论也产生了很大的影响，但与芬兰学派一以贯之的基于民俗资料库的扎实研究相比，美国民俗学的道路又有所不同。对美国民俗学的学科建设与学科发展来说，芬兰学派的历史地理研究法始终具有特殊意义，美国民俗学者对此也有很高的认同度。但是，美国民俗学在研究对象和学科分类上，更接近于人类学。❶美国民俗学派不大接受历时性的研究方法，而这种方法的教条刻板也似乎容易成为受攻击的对象。❷芬兰民俗学派总是强调已经做过哪些工作？还需要考虑以往留下的什么问题？怎样开展进一步的研究？美国民俗学派则旷日持久地跳入“愤怒的论争”中，总是喜欢“不宽容”地批评别人。❸很多美国民俗学者已把历史地理研究法这种经典抛在脑后，去做其他未必重要的事情。❹

---

❶ Bronner, Simon J. 1986. *American Folklore Studies: An Intellectual History*. Lawrence: University Press of Kansas.P88-90.

❷ Gabbert, Lisa. 1999. “The ‘Text/Context’ Controversy and the Emergence of Behavioral Approaches in Folklore” . *Folklore Forum* 30(1/2):P119–128.

❸ Dégh, Linda. 1986b. “Introduction” . In Dégh 1986a: P82.

❹ Dégh, Linda. 1986b. “Introduction” . In Dégh 1986a: P820.

第六节　数字民俗文献的贮存与研究

一、意义的功能

20 世纪 90 年代，民俗学者提高了寻找意义的兴趣。寻找意义的目的，是要了解异文、特定个体使用异文和民俗符号变动的规则与结果。在这一时期，历史地理研究法也发生变化，从精英研究的模式，转向激发芬兰民俗学内在建设的动力。芬兰民俗学者愿意花时间回顾学科史的意义，重新翻检民俗学的学术大师们的经典著作，同时对历史地理研究法进行批评性解构，探讨构建新理论与方法的途径。这些工作都成为 20 世纪末至 21 世纪初芬兰民俗学工作的重点。

二、数字化工程

在芬兰民俗学的各种内部建设中，搜集资料和研究资料一直都是重头工作。随着数字化的兴起，民俗学者从传统搜集资料模式和相关研究的基本问题，转向数字化工程，同时对百余年的学科史加以重新阐释。在芬兰学派中占有传统优势的比较研究工作，在数字化的背景下，也获得了新发展。[1]

搜集和使用手抄本资料进行机械分析，在经典历史地理研究法时期获得了较大的发展。当代芬兰民俗学界从数字化的角度切入，对此进行改革，在这方面，劳里·哈尔维拉赫蒂（Lauri Harvilahti）是主要开拓者。在他的主持下，芬兰已有大约87000件《卡勒瓦拉》史诗作品完成了数字化处理。[2]新民歌和故事母题类型系统也已建立和扩充，正在系统化，并建成查询系统。项目组成员尤卡·萨里嫩（Jukka Sarinen）负责爱沙尼亚史诗和

[1] Anttonen, Pertti. 2005. *Tradition through Modernity: Postmodernism and the Nation-State in Folklore Scholarship*. Studia Fennica Folkloristica 15. Helsinki: Finnish Literature Society. Saarinen, Jukka. 2013. "Behind the Text: Reconstructing the Voice of a Singer". *RMN Newsletter* 7: P34–43. Saarinen, Jukka.2018.*Runolaulunpoetiikkasäe, syntaksijaparallelismi Arhippa Perttusenrunoissa*. Helsinki: University of Helsinki. Ahola, Joonas,&Karina Lukin 2016 "Matthias Alexander Catréninsuomalaisenmytologiantaustoja". In M.A. Castrén, *Luoentojasuomalaisestamytologiasta*. Ed. & trans. Joonas Ahola. Helsinki: SuomalaisenKirkallisuudenSeura. Ahola, Joonas,&Karina Lukin. 2018 (forthcoming). "Castrén Lectures on Finnish Mythology Revisited". *RMN Neswsletter14*. Wilson, William A. 1976. *Folklore and Nationalism in Modern Finland*. Bloomington: Indiana University Press.

[2] www.skvr.fi, first opened in 2001.

民歌数据库的建设。[1]森尼·蒂莫宁（Senni Timonen）和卡蒂·卡利奥（Kati Kallio）负责系统研发，开发用户查询路径，设计数字统计分析系统。他们也建立数据库，贮存史诗和民歌类型或主题索引，对母题和主题在史诗、民歌、抒情诗和其他体裁的出现方式进行视频化的演示。妮娜·海迈莱伊宁（Niina Hämäläinen）经过努力，建成文本数据库，将之与《卡勒瓦拉》数字版相链接。在数字化的平台上，《卡勒瓦拉》仍居于中心位置。数字化工程也提升了芬兰民俗学的搜集容量，卡丽娜·卢金（Karina Lukin）就将早期记录的《涅涅茨》史诗进行了数字化处理。[2]

三、口头艺术方法注册人

在数字化时代，芬兰民俗学的理论建设进展之一，是对口头程式理论和资料的全面吸收。劳里·哈尔维拉赫蒂通过研究英格里安叙事歌进行了这种探索。[3]在他之前，

---

[1] http://www.folklore.ee/regilaul/andmebaas.

[2] Nenets epic,https://www.sgr.fi/manuscripta/).

[3] Kiparsky, Paul. 1976. "Oral Poetry: Some Linguistic and Typological

马蒂·库西和劳里·航克都是与口头程式理论保持距离的。劳里·哈尔维拉赫蒂改变了这个局面。他是芬兰学者中认真对待约翰·迈尔斯·弗里（John Miles Foley）口头程式学说的第一人。❶约翰·迈尔斯·弗里是美国口头程式学说中的口头艺术研究方法的代表人物，也称“口头艺术方法的注册人”。所谓“注册人”一词，最初指对多语种、多语境或多次实践中反复出现的交叉异文进行注册者（包括正式或非正式的异文，如母亲向孩子讲故事的方法❷，后来从多语种交叉异文研究扩展到整个语族符号系统的研究。❸约翰·迈尔斯·弗里和他的研究团队接触了后面这

Considerations” . In *Oral Literature and the Formula*. Ed. Benjamin A. Stolz & Richard S. Shannon III. Ann Arbor: Center for the Coördination of Ancient and Modern Studies, University of Michigan. P73-106.

❶ Foley, John Miles. 1995. *The Singer of Tales in Performance*. Bloomington: Indiana University Press. Foley, John Miles. 2002. *How to Read an Oral Poem*. Urbana: University of Illinois. *The Folk-Lore Journal*.

❷ Halliday, Michael Alexander Kirkwood. 1978. *Language as Social Semiotic:* London: Edward Arnold.

❸ Agha, Asif. 2001. “Registers of Language” . In *A Companion to Linguistic Anthropology*. Ed. Alessandro Duranti.Malden: Blackwell. P 23–45. Agha, Asif. 2007. *Language and Social Relations*. Cambridge: Cambridge University Press. Agha, Asif, & Frog (eds.). 2015. *Registers of Communication*. Studia Fennica Linguistica 18. Helsinki: Finnish Literature Society.

项工作，并取得了出色的成果，出版了著作。在美国民俗学派中，还有其他学者做了大体类似的工作，如戴尔·海默斯（Dell Hymes）提倡“说话民族志[1]，丹尼斯·泰德洛克（Denis Tedlock）提倡“民族志史诗”[2]，理查德·鲍曼（Richard Bauman）提出“表演理论”[3]，这些学说都有相通之处。但是，从戴尔·海默斯开始，对“注册人”一词的解释，不再将注意力放在“相同讲述文本的多语种交叉方式”上，他关注虚拟符号空间，与其表达方式的形式化，他将这种虚拟空间解释为“表演竞技场”。约翰·迈尔斯·弗里只把“注册人”当作工具概念，用来解释特定语群的差异化特征，如内部叙事的意义和民俗语言所承载的差异化意义。[4]在劳里·哈尔维拉赫蒂的指挥下，美国

[1] Hymes, Dell 1981. “*In Vain I Tried to Tell You*”. *Essays in Native American Ethnopoetics*. Philadelphia:University of Pennsylvania Press.

[2] Tedlock, Dennis 1983. *The Spoken Word and the Work of Interpretation*. Philadelphia: University of Pennsylvania Press.

[3] Bauman, Richard. 1975. “Verbal Art as Performance” . *American Anthropologist* 77: P290-311. Bauman, Richard. 1984. *Verbal Art as Performance*. Prospect Heights: Waveland Press.

[4] Frog.2015b. “Registers of Oral Poetry” . *In Registers of Communication*. Ed. Asif Agha & Frog. Studia Fennica Linguistica 18. Helsinki: Finnish Literature Society. P77–104.

口头程式理论的这些著作、各种学术讨论和相关词汇被进行数字化，再纳入芬兰学派的研究资料中。劳里·哈尔维拉赫蒂还提出“民族志文化光谱”的概念，用来创新阐释多元遗产资源，试图在多元文化环境中，建构多元资源层、结构层和美学艺术层[1]。他的概念与劳里·航克的“传统池”概念未免重叠，但他的指向要比劳里·航克更广泛，也更兼容，他希望在不涉及编年史的前提下，对传统的历时性进行探讨（见图 10）[2]。

四、数字《卡勒瓦拉》

上面提到过森尼·蒂莫宁，她也做了一项了不起的

---

[1] Harvilahti, Lauri. 2003. *The Holy Mountain*. FFC282. Helsinki: Academia Scientiarum Fennica.P 90–115.

[2] Harvilahti, Lauri. 2013. “Ethnocultural Knowledge and Mythical Models: The Making of St Olaf, the God of Thunder, and St Elijah during the First Centuries of the Christian Era in the Scandinavian and Baltic Regions” . In *The Performance of Christian and Pagan Storyworlds: Non-Canonical Chapters of* the *History of Nordic Medieval Literature*.Ed. Lars Boje Mortensen &Tuomas M.S. Lehtonen. Turnhout: Brepols. P199–219. Harvilahti, Lauri. 2019 (in press). “Mythic Logic and Meta-Discursive Practice in the Scandinavian and Baltic Regions” . In Bertell et al. 2019.

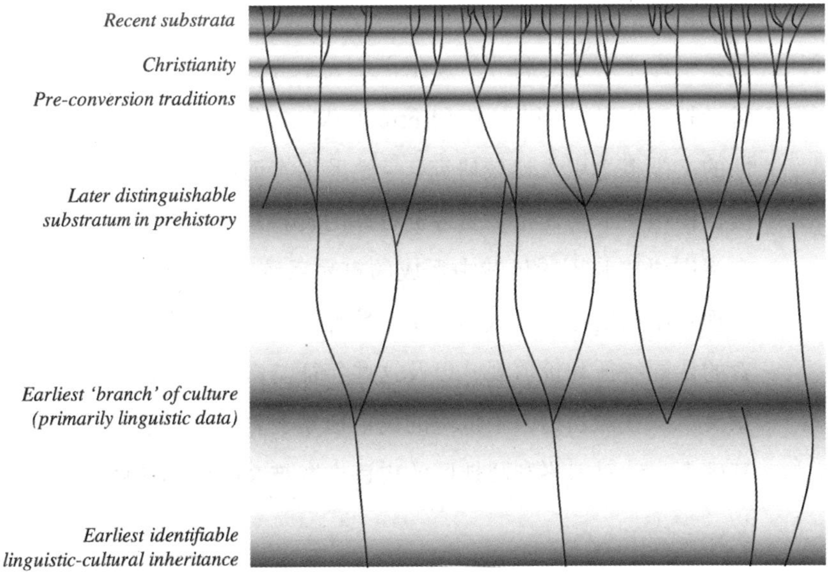

图 10. 民族志文化光谱示意图。时间是一个流动的连续体，不同时期或不同时代的多元化传统沉积在民族文化的底层。它们与民族文化核心部分存在着不同程度的对比关系（傅罗格，2013b: 124）。

工作，就是对《卡勒瓦拉》史诗资料库中的抒情诗做研究。[1]她以抒情诗的体裁为对象，研究其结构单元，构建了精细的类型索引，现在她的成果已被输入芬兰数字化索引库中。现受聘芬兰赫尔辛基大学芬兰语和比较民俗学教席的洛特·塔尔卡（Lotte Tarkka）教授，将互文性的文学概念引入比较研究。[2]她采用实证性的比较方法，使用《卡勒瓦拉》史诗资料库的资料，考察在史诗在不同语境和不同体裁中形成的符号系统和相关异文，发现其结构的运行方式与意义。[3]她还考察了史诗表演者的认同特征和价值观，以及这些特征与多体裁互动的意义。她在对长达一个世纪的民俗搜集资料全面了解的基础上，针对卡累利阿地区的史诗文本被文献化和被修

---

❶ Timonen, Senni 2004. *Minä, Tila, Tunne. Näkökulmia KalevavamittaiseenKansanlyriikaan*. Helsinki: Suomalaisen Kirjallisuuden Seura.

❷ Tarkka, Lotte. 1993. "Intertextuality, Rhetorics and the Interpretation of Oral Poetry: A Case of Archived Orality" . In *Nordic Frontiers: Recent Issues in the Study of Modern Traditional Culture in the Nordic Countires*. Ed. Pertti J. Anttonen&ReimundKvideland. Turku: Nordic Institute of Folklore. P165–193.

❸ Tarkka, Lotte. 1998. "Sense of the Forest: Nature and Gender in Karelian Oral Poetry" . In *Gender and Folklore: Perspectives on Finnish and Karelian Culture*. Ed. Satu Apo, AiliNenola, Laura Stark-Ahola. Studia Fennica Folkloristica 4. Helsinki: Finnish Literature Society. P92-142.

订最多的部分，做了精密的研究。[1]人类学者劳拉·斯塔克（Laura Stark）也应用比较研究的方法，研究芬诺—卡累利阿的史诗搜集本，提出这些文本出现的身体概念问题。[2]

在自觉使用比较研究的范式进行数字资料的研究方面，年轻一代学者比较突出。卡丽娜·科斯基（Kaarina Koski）在芬兰民俗的语义分类方面，主要在词汇层面做了出色的工作。[3]她的关注点是死亡、权力和力量的概念（特别是与教堂有关的）。她使用传说资料库，针对其中的魔法、仪式和医疗的资料，考察这些传统事象的社会运作方式。[4]卡蒂·卡利奥对使用英格里亚语演唱的

❶ Tarkka, Lotte. 2013 [2005]. Songs of the Border People: Genre, Intertextuality, and Metapoetry in Kalevala Metrc Rune-Singing. FF Communications. Helsinki: Academia Scientiarum Fennica.

❷ Stark, Laura 2006. The Magical Self: Body, Society and the Supernatural in Early Modern Rural Finland. FFC290. Helsinki: Academia Scientiarum Fennica.

❸ Koski, Kaarina. 2012. "Ghosts, Vermin, and the Ill-Mannered: Polysemous Words Denoting Opposition to Social Order" . In *Finno-Ugric Folklore, Myth and Cultural Identity: Proceedings of the 5th International Symposium on Finno-Ugric Languages in Groningen*. Ed. Cornelius Hasselblatt& Adrian van der Hoeven. Studia Fenno-UgricaGroningana 7. Maastricht: Shaker. P153–164.

❹ Koski, Kaarina. 2011. *Kuolemanvoimat:Kirkonväkisuomalaisessauskomusperint*

《卡勒瓦拉》式诗歌做了比较研究，考察了这类诗歌的文本、音乐和结构在表演中灵活穿插的作用。❶她近期转向研究早期教堂唱诗，观察非芬兰语韵文与通俗歌曲的互动模式。她使用的方法，也是比较研究中心的范式。❷埃拉·斯蒂帕诺娃（Eila Stepanova）对波罗的海地区的传统哀歌进行比较研究，指出他们共享诗歌特征、表演语境、神话世界的模式，当地人在历史接触中形成了共享模式。❸在芬兰学派的近期研究中，在神话变迁、诗歌体裁和表演活动的关系研究方面，对比较研究的范式建

eessä. Helsinki:SuomalaisenKirjallisuudenSeura.

❶ Kallio, Kati 2013. *Laulamisen tapoja: Esitysareena, rekisteri ja paikallinen laji länsi-inkeriläisessä kalevalamittaisessa runossa*. Helsinki: SuomalaisenKirjallisuudenSeura. Kallio, Kati. 2015. "Multimodal Register and Performance Arena in Ingrian Oral Poetry" . In Agha & Frog 2015: P322–335.

❷ Kallio, Kati. 2016. "Changes in the Poetics of Song during the Finnish Reformation" . In *Re-Forming the Early Modern North: Text, Music and Church Art*.Ed. Tuomas M.S. Lehtonen& Linda Kaljundi. Amsterdam: Amsterdam University Press. P125–155. Kallio, Kati, TuomasLehtonen,Senni Timonen, Irma-RiittaJärvinen&IlkkaLeskelä. 2017.*Laulutjakirjoitukset: Suullinenjakirjallinenkulttuuriuudenajanalun Suomessa*. Helsinki: Finnish Literature Society.

❸ Stepanova, Eila. 2011. "Reflections of Belief Systems in Karelian and Lithuanian Laments: Shared Systems of Traditional Referentiality?" . *ArchaeologiaBaltica* 15: P128–143.

设十分明显。很多学者指出，表演注册人和表演者的社会影响力关系密切，那些注册人表达表演习惯用语的特征，不论是表达词汇和语法（语言注册人），还是表达的节奏、语调或旋律（语音注册人），或者是表达意义的谱系，包括手势、姿态和运动等（表演注册），他们都表现出选择和影响事物的能力，包括局部改变、再度阐释和保留某种传统的能力。乔纳斯·阿赫拉（Joonas Ahola）研究中世纪冰岛萨迦故事、法律故事和神话等不同体裁的资料库，以“绿林好汉”形象为重点，考察这类叙事在历史建构、异文、多体裁共享与法律话语的互动。[1]乔纳斯·阿赫拉还在一个项目中，参与斯堪的纳维亚地区的多学科交叉研究，并担任了核心角色[2]，这项研究重新评估《卡勒瓦拉》所能提供的铁器时代信息，找出其语义和逻辑符号的意义。

---

[1] Ahola, Joonas. 2014c.*Outlawry in the Icelandic Family Sagas*. Helsinki: University of Helsinki.

[2] Ahola, Joonas. 2014a. “Åland and the Poetic Image of an Island in Kalevalaic Epic” . In Ahola et al. 2014b: Ahola, Joonas. 2014b. “Kalevalaic Heroic Epic and the Viking Age in Finland” . In Ahola et al. 2014a: P361–68.

五、神话的话语

我本人主攻历史地理方法研究，并努力发展它的理论和方法。这项工作起步于我对芬诺—卡累利安与斯堪的纳维亚神话的历史关系的研究。❶我将安娜—列娜·茜卡拉的比较研究方法程式化，结合马蒂·库西的整体情节理论（2013b），再对安娜—列娜·茜卡拉所强调的语境化思想加以拓展❷，对她使用历史语言学和考古学方法重现多元文化影响力与民俗传播特征的观点加以推进。❸我也认为，劳里·哈尔维拉赫蒂的“民族志文化光谱”论是一种工具概念，可以在文化变迁的各阶段寻找差异

❶ Frog. 2010. Baldr and Lemminkäinen: Approaching the Evolution of Mythological Narrative through the Activating Power of Expression. UCL Eprints. London: University College London.

❷ Frog. 2012. “Confluence, Continuity and Change in the Evolution of Myth: Cultural Activity and the Finno-Karelian Sampo-Cycle” . In Frog, Siikala & Stepanova 2012: P205–254.

❸ Frog.2014b. “Myth, Mythological Thinking and the Viking Age in Finland” . In Ahola et al. 2014a: P437–482.Frog & Janne Saarikivi. 2015. “De situ linguarum fennicarum aetatis ferreae, Pars I” [‘The Situation of Finnic Languages in the Iron Age, Part I’]. *RMN Newsletter* 9: P64–115. Frog. 2017b. “Parallelism and Orders of Signification (Parallelism Dynamics I)” . In Frog & Tarkka 2017: P425–484.

化指标，再建立适当的联系，使之成为连续资料。该工具概念还创造了一种分类，考察跨类型数据之间的指标关系，方便对传统生态文化做考察。❶我的近期主攻方向是利用词源学的工具，重建神话史，讨论起跨文化传播问题。❷我观察历史传统与地理上的侵入如何成为基础，使民俗独立运行或发生适应性变迁。❸安娜—列娜·茜卡拉在著作中强调，神话和仪式歌的历史，与仪式表演专家代表人的历史，以及广义的社会变化，都有关系。❹我

❶ Frog. 2013a. "The Parallax Approach: Situating Traditions in Long-Term Perspective" . In Frog &Latvala with Leslie: P99–129. Frog.2014a. "From Mythology to Identity and Imaginal Experience: An Exploratory Approach to the Symbolic Matrix in Viking Age Åland" . In Ahola et al. 2014b: P349–414.

❷ Frog. 2017d. "Language and Mythology: Semantic Correlation and Disambiguation of Gods as Iconic Signs" . In Shamanhood and Mythology: Archaic Techniques of Ecstasy and Current Techniques of Research: In Honour of MihályHoppál, Celebrating His 75th Birthday. Ed. Attila Mátéffy&GyörgySzabados with TamásCsernyei. Budapest: Hungarian Society for Religious Studies. P85–134. Frog. 2017e. "Sámi Religion Formations and Proto-Sámi Language Spread: Reassessing a Fundamental Assumption" . RMN Newsletter 12–13: P36–69.

❸ Frog. 2011a. "Circum-Baltic Mythology? – The Strange Case of the Theft of the Thunder-Instrument (ATU 1148b)" . *Archaeologia Baltica* 15: P78–98.

❹ Siikala, Anna-Leena. 2002a [1992]. *Mythic Images and Shamanism: A Perspective on Kalevala Poetry*. FFC280. Helsinki: Academia Scientiarum Fennica. Siikala, Anna-Leena. 2002b. "The Singer Ideal and the Enrichment

发展了她的以注册人为中心的比较方法，将之用于对史诗和神话的历时性的研究。[1]我还创造了“仪式技术”的研究方法，所谓“仪式技术”，指咒语和萨满仪式的技术，我希望用它来进行身体民俗和治疗模式的研究，考察这种模式如何通过仪式技术的应用进行构建，为学者构想下面的问题做铺垫：如人们如何想象自己的身体，如何从超自然的注册人变为“人”兽之间形成一个流动的自然—文化光谱。[2]我的大部分工作也在实际操作进行，

---

of Poetic Culture: Why Did the Ingredients for the *Kalevala* Come from Viena Karelia?” . In *The Kalevala and the World's Traditional Epics*. Ed. Lauri Honko. Studia Fennica Folkloristica 12. Helsinki: Finnish Literature Society. P26–43. Siikala, Anna-Leena. 2012a. *Itämerensuomalaistenmytologia*. Helsinki: SuomalaisenKirjallisuuden Seura.

[1] Frog. 2012. “Confluence, Continuity and Change in the Evolution of Myth: Cultural Activity and the Finno-Karelian Sampo-Cycle” . In Frog, Siikala & Stepanova 2012: P205–254. Frog. 2013c. “Shamans, Christians, and Things in Between: From Finnic–Germanic Contacts to the Conversion of Karelia” . In *Conversions: Looking for Ideological Change in the Early Middle Ages*. Ed. Rudolf Simek & Leszek Słupecki. Studia MediaevaliaSeptentrionalia23.Wien: Fassbaender. P53–98.

[2] Frog. 2013a. “The Parallax Approach: Situating Traditions in Long-Term Perspective” . In Frog &Latvala with Leslie: P99–129. Frog.2014a. “From Mythology to Identity and Imaginal Experience: An Exploratory Approach to the Symbolic Matrix in Viking Age Åland” . In Ahola et al. 2014b: P349–414. Frog. 2017c. “Multimedial Parallelism in Ritual Performance (Parallelism

包括两个层面：一是个体和社会群体的层面，一是史诗、民歌、神话、叙事话语和仪式的层面。我的目标是理解异文和意义的生成，与人们为理解世界创造的相应工作方式。这些研究涉及一些关键性的概念，如注册人❶、体裁❷、平行❸、程式和多形式语言❹，还包括田野调查和处理

Dynamics II)". In Frog & Tarkka 2017: P583–620. Frog.2019c (forthcoming) "Understanding Embodiment through Lived Religion: A Look at Vernacular Physiologies in an Old Norse Milieu". In *Old Norse Mythology, Materiality and Lived Religion*. Ed. Peter Jackson, Andreas Nordberg & Olof Sundqvist. Stockholm Studies in Comparative Religion series. Stockholm: Stockholm University Press.

❶ Frog.2015b. "Registers of Oral Poetry". In *Registers of Communication*. Ed. Asif Agha & Frog. Studia Fennica Linguistica 18. Helsinki: Finnish Literature Society. P77–104.

❷ Frog.2016a. "'Genres, Genres Everywhere, but Who Knows What to Think?': Toward a Semiotic Model". In *Genre – Text – Interpretation: Perspectives from Folklore and Beyond*. Ed. Kaarina Koski & Frog with Ulla Savolainen. Studia Fennica Folkloristica 22. Helsinki: Finnish Literature Society. P47–88.

❸ Frog. 2017b. "Parallelism and Orders of Signification (Parallelism Dynamics I)". In Frog & Tarkka 2017: P425–484. Frog. 2017c. "Multimedial Parallelism in Ritual Performance (Parallelism Dynamics II)". In Frog & Tarkka 2017: P583–620.

❹ Frog.2016b. "Linguistic Multiforms: Advancing Oral-Formulaic Theory". *FF Network* 48:P6–11,14. Frog. 2017a. "Formulaic Language and Linguistic Multiforms: Questions of Complexity and Variation". In Frog 2017f:P 252–270.

资料的具体方法[1]，还要考察注意语言与符号之间，语言的信息媒介之间的差异。[2]我还进行了“神话话语”研究，考察神话的社会应用、社会交流和在社会控制下的存在方式，为此我提出了一种神话学方法，能够把安娜—列娜·茜卡拉的“神话方言”（由仪式专家对“神话注册人”斯蒂帕诺娃（Stepanova）神话异文提取而来），神话在相互接触和转换环境中的互动，与劳里·航克与安娜—列娜·茜卡拉讨论的异文的类型变化和历时变化的要点，都加以组合，再开展研究。我的这种方法不再专注于故事，而是系统考察符号单元从微观想象和母题

---

[1] Frog.2019a (in press). “Metrical Entanglement: The Interface of Language and Meter”. In *Versification: Metrics in Practice*. Ed. Frog, Satu Grünthal, Kati Kallio & Jarkko Niemi. Helsinki: Finnish Literature Society.

[2] Frog.2014c. “Oral Poetry as Language Practice: A Perspective on Old Norse dróttkvætt Composition”. In *Song and Emergent Poetics – Laulujaruno – Песня и видоизменяющаясяпоэтика*. Ed. Pekka Huttu-Hilttunen et al. Runolaulu-Akatemian Julkaisuja. Kuhmo: Juminkeko. P279–307. Frog.2016d. “Metrical Entanglement and dróttkvætt Composition – A Pilot Study on Battle-Kennings”. In *Approaches to Nordic and Germanic Poetry*. Ed. Kristján Árnason, Stephen Carey, Tonya Kim Dewey, HaukurÞorgeirsson, Ragnar IngiAðalsteinsson&Þórhallur Eyþórsson. Reykjavík: University of Iceland Press. P149–229. Frog. 2017b. “Parallelism and Orders of Signification (Parallelism Dynamics I)”. In Frog & Tarkka 2017: P425–484.

素的变化到整体情节的变化所形成的“符号矩阵”，并与文化–历史环境建立联系（由研究者掌握研究范围）。其他学者也可以从不同的角度参与，或者在不同能力范围、专家知识或宗教理解下参与这项研究。

我认为，经过芬兰民俗学者的努力，对“母题”一词的模糊使用，已被符号形式本体论所取代，人们已可以区分和分析故事类型的共时性和历时性变化，考察其是否具有历史连续性、是否是社会现象，以及是否对多元民俗资源管理能够独立适应。[1]

---

[1] Frog.2015a. “Mythology in Cultural Practice: A Methodological Framework for Historical Analysis” . *RMN Newsletter* 10, special issue: *Between Text and Practice: Mythology, Religion and Research*, ed. Frog & Karina Lukin:P33–57.Frog.2018b. “Myth” . *Humanities* 7(1:14), special issue: *The Challenge of Folklore to the Humanities*, ed. Dan Ben-Amos: P1–39. Frog.2018c. “When Thunder Is Not Thunder; Or, Fits and Starts in the Evolution of Mythology” . In *Storied and Supernatural Places: Studies in Spatial and Social Dimensions of Folklore and Sagas*. Ed. ÜloValk& Daniel Sävborg. Studia Fennica Folkloristica 23. Helsinki: Finnish Literature Society. P137–158. Frog.2019b, “Mythologies in Transformation: Symbolic Transfer, Hybridization and Creolization in the Circum-Baltic Arena (illustrated through the Changing Roles of **Tīwaz*, **Ilma*, and *Óðinn*, the Fishing Adventure of the Thunder-God, and a Finno-Karelian Creolization of North Germanic Religion)” . In Bertell et al. 2019.

第七节　当代发展趋势

芬兰民俗学已有一个多世纪的历史，它经历了僵化期、教条期、转型期和重建期，取得了独立的成就。它从一开始就灵活地发展，在历史地理研究法遭受重创后也在发展，现在仍然在继续发展。

今天的“芬兰民俗学”已有多种方向。其中史诗、神话、民歌和故事学的传统优势研究，与富有芬兰学派传统的方法、理论与方法论的建设，一直在前后接续、赓续履新。

一、回顾方法论

芬兰民俗学有很多优势，但这并不意味着所有芬兰学者承认自己属于芬兰学派。像卡尔·科隆父子生前的时代一样，芬兰学派的故事类型学研究已经与国际对话，现在与爱沙尼亚、斯堪的纳维亚和俄罗斯之间也加强了对话。最近兴起的“回顾方法论”思潮，重温民俗学的经典遗产，并予以再研究。

二、跨学科研究

芬兰民俗学者注意吸收其他国家民俗学者的优秀成果，克服在有限历史资源背景下形成的传统研究方法的局限，加强跨学科研究，如用跨学科的方法对波罗的海国家民俗传统开展研究。当代计算机应用科学与人文科学研究相结合，也给历史地理研究法带来新的生机，有可能拓展其潜在的研究空间。

历史地理研究法创造了芬兰学派，走过了自己的生命历程，现在又将开启新篇，其前进的步伐会超出人们对芬兰学派的想象。

芬兰民俗学派研究书目

Aarne, Antte. 1910. *Verzeichnis der Märchentypen*. FF Communications 3. Helsinki: Academia Scientiarum Fennica.

Aarne, Antte.1913. *Leitfaden der vergleichenden Märchenforschung*. FF Communications 13. Helsinki: Academia Scientiarum Fennica.

Agha, Asif. 2001. "Registers of Language". In *A Companion to Linguistic Anthropology*. Ed. Alessandro Duranti. Malden: Blackwell. Pp. 23–45.

Agha, Asif. 2007. *Language and Social Relations*. Cambridge: Cambridge University Press.

Agha, Asif, & Frog (eds.). 2015. *Registers of Communication*. Studia Fennica Linguistica 18. Helsinki: Finnish

Literature Society.

Ahola, Joonas. 2014a. "Åland and the Poetic Image of an Island in Kalevalaic Epic". In Ahola et al. 2014b:

Ahola, Joonas. 2014b. "Kalevalaic Heroic Epic and the Viking Age in Finland". In Ahola et al. 2014a: 361–68.

Ahola, Joonas. 2014c.*Outlawry in the Icelandic Family Sagas*. Helsinki: University of Helsinki.

Ahola, Joonas, & Frog. 2014. "Approaching the Viking Age in Finland: An Introduction". In Ahola et al. 2014a: 21–84.

Ahola, Joonas,&Karina Lukin 2016 "Matthias Alexander Catréninsuomalaisenmytologiantaus toja". In M.A. Castrén, *Luoentojasuomalaisestam ytologiasta*. Ed. & trans. Joonas Ahola. Helsinki: SuomalaisenKirkallisuudenSeura.

Ahola, Joonas,&Karina Lukin. 2018 (forthcoming). "Castrén Lectures on Finnish Mythology Revisited". *RMN Neswsletter*14.

Ahola et al. 2014a = Ahola, Joonas,& Frog with Clive Tolley (eds.). *Fibula, Fabula, Fact – The Viking Age in*

Finland. Studia Fennica Historica 18. Helsinki: Finnish Literature Society.

Ahola et al. 2014b = Ahola, Joonas, Frog & Jenni Lucenius (eds.). 2014. *The Viking Age in Åland: Insights into Identity and Remnants of Culture*. Helsinki: Academia Scientiarum Fennica.

Ahola et al. 2018 = Ahola, Joonas, Frog & Ville Laakso. "The Roles and Perceptions of Raptors in Iron Age and Medieval Finno-Karelian Cultures through c. AD 1500". In *The Origin and Importance of Falconry until 1500 AD with an Emphasis on Northern Europe*, vol. I–III. Ed. Karl-Heinz Gersmann& Oliver Grimm. Schriften des archæologischenLandesmuseumsErgänzungsreihe series. Wachholz: Neumünster. Vol. II, pp. 887–934.

Anderson, Walter. 1923. *Kaiser und Abt.* FF Communications 42. Helsinki: Academia
Scientiarum Fennica.

Anttila, Aarne 1931–1935. *Elias Lönnrot: Elämäjatoiminta*, I–II. Helsinki: SuomalaisenKirkallisuudenSeura.

Anttonen, Pertti. 2005. *Tradition through Modernity:*

Postmodernism and the Nation-State in Folklore Scholarship. Studia Fennica Folkloristica 15. Helsinki: Finnish Literature Society.

Apo, Satu. 1986. "Questions Arising in the Comparative Study of Magic Tales". In Dégh 1986a: 177–186.

Apo, Satu. 1995a.*The Narrative World of Finnish Folktales*. FF Communications 256. Helsinki: Academia Scientiarum Fennica.

Apo,Satu.1995b.*Naisen väki: tutkimuksiasuomalaistenkansanomaisestakulttuuristajaajattelusta*. Helsinki: HankijaJää.

Apo,Satu 2001.*Viinanvoima: Näkökulmiasuomalaistenkansanomaiseenalkoholiajatteluunja-kulttuuriin*. Helsinki: Suomalaisen Kirkallisuuden Seura.

Apo, Satu. 2018.*Ihmesatujenhistoria: näkökulmiakirjailijoiden, kansankertojienjatutkijoiden tradition*. Helsinki: SuomalaisenKirkallisuudenSeura.

Bang, Anton Christian. 1879. "Vøluspaaog de SibyllinskeOrakler".*Videnskabs-Selskabeti Christiania, Forhandlinger Aar 1879*: 1–23.

Bauman, Richard. 1975. "Verbal Art as Performance".

American Anthropologist 77: 290-311.

Bauman, Richard. 1984. Verbal Art as Performance. Prospect Heights: Waveland Press.

Ben-Amos, Dan. 1976. "Introduction". In *Folklore Genres*. Ed. Dan Ben-Amos. Austin:
University of Texas Press. Pp. ix–xlv.

Bendix, Regina F.,&Galit Hasan-Rokem (eds.). 2012. *A Companion to Folklore*.
Hoboken: Wiley-Blackwell.

Bertell, Maths, Frog & Kendra Willson. 2019 (in press). *Contacts and Networks in the Baltic Sea Region*:Austmarr *as a Northern* Mare nostrum, *AD 500–1500*. Amsterdam: Amsterdam University Press.

Boas, Franz. 1896a. "The Limitations of the Comparative Method of Anthropology". *Science* New Series 4: 901–908.

Boas, Franz. 1896b. "The Growth of Indian Mythologies: A Study Based upon the Growth of the Mythologies ofthe North Pacific Coast".*Journal of American Folklore*9(32): 1–11.

Borenius, A.A. 1873. "Missä Kalevala on syntynyt?" *Suomen Kuvalehti* 1: 269–274.

Borenius, Aksel,& Julius Krohn.1891. *Kalevalanesityöt*, I–II. Helsinki: SuomalaisenKirkallisuudenSeura.

Bronner, Simon J. 1986. *American Folklore Studies: An Intellectual History*. Lawrence: University Press of Kansas.

Bronner, Simon J. 2016. "Toward a Definition of Folklore in Practice". *Cultural Analysis* 15(1): 6–27.

Bugge, Sophus. 1881–1889. *Studier over de nordiskeGude-ogHeltesagnsOprindelse*. Christiania: Alb. Cammermeyer.

de Caro, Frank. 2018. "Herder, the Grimm Brothers and Richard Dorson's Antiquarians: A New Look". Unpublished paper presented at the American Folklore Society's Annual Meeting held 17th–20thOctober 2018, Buffalo, New York.

Castrén, M. A. 1853a. *Föreläsningar i finsk Mytologi*. Helsinki: Finska Litteratur-Sällskapet.

Castrén, M.A. 1853b. *Vorlesungen über die finnische*

Mythologie. St. Petersburg.

Christiansen, Reidar Th. 1958. *The Migratory Legends: A Proposed List of Types with a Systematic Catalogue of the Norwegian Variants*. FF Communications 175. Helsinki: Academia Scientiarum Fennica.

Comte, Auguste2009 [1830–1842]. *Cours de Philosophie Positive* I–III. Paris: L'Harmattan.

Csapo, Eric. 2004. *Theories of Mythology*. London: Blackwell.

Darwin, Charles. 1837–1838. "I Think". In Cambridge University Library manuscript DAR121. Notebook B: [Transmutation of species (1837-1838)]. P. 36. Available at: http://darwin-online.org.uk/content/frameset?itemID=CUL-DAR121.-&viewtype=image&pageseq=1.

Darwin, Charles. 1859 [1964]. *On the Origin of Species. A Facsimile of the First Edition with an Introduction by Ernst Mayer*.Cambridge, MA : Harvard University Press. Available at: https://archive.org/details/onoriginofspecie1859darw/page/n137.

Dégh, Linda. 1969 [1962].*Folktales and Society: Story-Telling in a Hungarian Peasant Community.* Trans. Emily M. Schossberger. Bloomington: Indiana University Press.

Dégh, Linda. 1986a. *The Comparative Method in Folklore.* Special issue of Joutnal of *Folklore Research* 23(2–3).

Dégh, Linda. 1986b. "Introduction". In Dégh 1986a: 77–85.

Dégh, Linda, & Andrew Vázsonyi. 1975. "The Hypothesis of Multi-Conduit Transmission in Folklore". In *Folklore: Performance and Communication.* Ed. Dan Ben Amos & Kenneth Goldstein. The Hague: Mouton. Pp. 207–254.

Dorson, Richard M. 1955."The Eclipse of Solar Mythology". *Journal of American Folklore* 68(270): 393–416.

Dorson, Richard M. 1961. "Folklore Studies in England". *Journal of American Folklore* 74(294): 302–312.

Dorson, Richard M. 1968. *History of British Folklore I: British Folklorists: A History.*

London & New York: Routledge.

Dundes, Alan. 1962. "From Etic to Emic Units in the

Structural Study of Folktales".

Journal of American Folklore 75(296): 95–105.

Dundes, Alan. 1965. [Introduction]. In Olrik 1965: 129–130.

Dundes, Alan. 1969. "The Devolutionary Premise in Folklore Theory". *Journal of the Folklore Institute* 6(1): 5–19.

Dundes, Alan. 1982. "The Symbolic Equivalence of Allomotifs in the Rabbit-Herd (AT 570)". Arv: *Scandinavian Yearbook of Folklore* 36: 91–98.

Dundes, Alan. 1986. "The Anthropologist and the Comparative Method in Folklore". In Dégh 1986a: 125–146.

Eskeröd, Albert. 1947. *Årets Äring: Etnologiska Studier i Skördens och Julens Tro och*

Sed. NordiskaMuseetsHandlingar 26. Stockholm: Nordiskamuseet.

Evijärvi, Irja-Leena. 1963. *Kaarle Krohn: Elemäjatoiminta*. Suomi 110:2.

Helsinki: SuomalaisenKirjallisuudenSeura.

Fine, Elizabeth Calvert. 1984. *The Folklore Text: From Performance to Print*. Bloomington:
Indiana University Press.

Foley, John Miles. 1988. *The Theory of Oral Composition: History and Methodology*.
Bloomington: Indiana University Press.

Foley, John Miles. 1995. *The Singer of Tales in Performance*. Bloomington: Indiana University Press.

Foley, John Miles. 2002. *How to Read an Oral Poem*. Urbana: University of Illinois.

The Folk-Lore Journal.

Franssila, K. A. 1900. *Kansanrunouden tutkimuksia I. Iso tammi liitteineen*.

Helsinki: SuomalaisenKirjallisuudenSeura.

Frazer, James George 1906–1915. T*he Golden Bough: A Study in Magic and Religion* I-XII.
London: McMillain.

Frog. 2010. *Baldr and Lemminkäinen: Approaching the Evolution of Mythological Narrative through the Activating Power of Expression*. UCL Eprints. London: University

College London.

Frog. 2011a. "Circum-Baltic Mythology? – The Strange Case of the Theft of the Thunder-Instrument (ATU 1148b)". *ArchaeologiaBaltica* 15: 78–98.

Frog. 2011b. "Ethnocultural Substratum: Its Potential as a Tool for Lateral Approaches to Tradition History". *RMN Newsletter* 3: 23–37.

Frog. 2012. "Confluence, Continuity and Change in the Evolution of Myth: Cultural Activity and the Finno-Karelian Sampo-Cycle". In Frog, Siikala & Stepanova 2012: 205–254.

Frog. 2013a. "The Parallax Approach: Situating Traditions in Long-Term Perspective". In Frog &Latvala with Leslie: 99–129

Frog. 2013b. "Revisiting the Historical-Geographic Method(s)". In Lukin et al. 2013: 18–34.

Frog. 2013c. "Shamans, Christians, and Things in Between: From Finnic–Germanic Contacts to the Conversion of Karelia". In *Conversions: Looking for Ideological Change in the Early Middle Ages*. Ed. Rudolf Simek & Leszek

Słupecki. Studia MediaevaliaSeptentrionalia23.Wien: Fassbaender. Pp. 53–98.

Frog.2014a. "From Mythology to Identity and Imaginal Experience: An Exploratory Approach to the Symbolic Matrix in Viking Age Åland". In Ahola et al. 2014b: 349–414.

Frog.2014b. "Myth, Mythological Thinking and the Viking Age in Finland". In Ahola et al. 2014a: 437–482.

Frog.2014c. "Oral Poetry as Language Practice: A Perspective on Old Norse dróttkvætt Composition". In *Song and Emergent Poetics – Laulujaruno – Песня и видоизменяющаясяпоэтика*. Ed. Pekka Huttu-Hilttunen et al. Runolaulu-Akatemian Julkaisuja. Kuhmo: Juminkeko. Pp. 279–307.

Frog.2015a. "Mythology in Cultural Practice: A Methodological Framework for Historical Analysis". *RMN Newsletter* 10, special issue: *Between Text and Practice: Mythology, Religion and Research*, ed. Frog & Karina Lukin: 33–57.

Frog.2015b. "Registers of Oral Poetry". In *Registers of*

Communication. Ed. Asif Agha & Frog. Studia Fennica Linguistica 18. Helsinki: Finnish Literature Society. Pp. 77–104.

Frog.2016a. "'Genres, Genres Everywhere, but Who Knows What to Think?': Toward a Semiotic Model". In *Genre – Text – Interpretation: Perspectives from Folklore and Beyond*. Ed. Kaarina Koski & Frog with Ulla Savolainen. Studia Fennica Folkloristica 22. Helsinki: Finnish Literature Society. Pp. 47–88.

Frog.2016b."Linguistic Multiforms: Advancing Oral-Formulaic Theory".*FF Network* 48:6–11,14.

Frog.2016c."Linguistic Multiforms in Kalevalaic Epic: Toward a Typology". *RMN Newsletter*11, special issue: *The Ecology of Metre*, ed. Ilya Sverdlov& Frog: 61–98.

Frog.2016d. "Metrical Entanglement and dróttkvætt Composition – A Pilot Study on Battle-Kennings". In *Approaches to Nordic and Germanic Poetry*. Ed. Kristján Árnason, Stephen Carey, Tonya Kim Dewey, HaukurÞorgeirsson, Ragnar IngiAðalsteinsson&Þórha llurEyþórsson. Reykjavík: University of Iceland Press.

Pp. 149–229.

Frog. 2017a. "Formulaic Language and Linguistic Multiforms: Questions of Complexity and Variation". In Frog 2017f: 252–270.

Frog. 2017b. "Parallelism and Orders of Signification (Parallelism Dynamics I)". In Frog & Tarkka 2017: 425–484.

Frog. 2017c. "Multimedial Parallelism in Ritual Performance (Parallelism Dynamics II)". In Frog & Tarkka 2017: 583–620.

Frog. 2017d. "Language and Mythology: Semantic Correlation and Disambiguation of Gods as Iconic Signs". In *Shamanhood and Mythology: Archaic Techniques of Ecstasy and Current Techniques of Research: In Honour of MihályHoppál, Celebrating His 75th Birthday*. Ed. Attila Mátéffy&GyörgySzabados with TamásCsernyei. Budapest: Hungarian Society for Religious Studies. Pp. 85–134.

Frog. 2017e. "Sámi Religion Formations and Proto-Sámi Language Spread: Reassessing a Fundamental Assumption". *RMN Newsletter* 12–13: 36–69. (34 pp.)

Frog (ed.). 2017f. *Formula: Units of Speech – 'Words' of Verbal Art: Working Papers of the Seminar-Workshop, 17th–19th May 2017, Helsinki, Finland.* Ed. Frog. Helsinki: Folklore Studies, University of Helsinki.

Frog. 2018a. "An Eighteenth-Century Origin of Modern Metrical Studies? – or – Robert Lowth as a Pioneer of Ethnopoetics". *Nordmetrik News* 1: 5–14.

Frog.2018b. "Myth". *Humanities* 7(1:14), special issue: T*he Challenge of Folklore to the Humanities*, ed. Dan Ben-Amos: 1–39.

Frog.2018c."When Thunder Is Not Thunder; Or, Fits and Starts in the Evolution of Mythology". In *Storied and Supernatural Places: Studies in Spatial and Social Dimensions of Folklore and Sagas*. Ed. ÜloValk& Daniel Sävborg. Studia Fennica Folkloristica 23. Helsinki: Finnish Literature Society. Pp. 137–158.

Frog.2019a (in press). "Metrical Entanglement: The Interface of Language and Meter". In *Versification:*

Metrics in Practice. Ed. Frog, Satu Grünthal, Kati Kallio & Jarkko Niemi. Helsinki: Finnish Literature Society.

Frog.2019b (in press) "Mythologies in Transformation: Symbolic Transfer, Hybridization and Creolization in the Circum-Baltic Arena (illustrated through the Changing Roles of **Tīwaz*, **Ilma*, and *Óðinn*, the Fishing Adventure of the Thunder-God, and a Finno-Karelian Creolization of North Germanic Religion)". In Bertell et al. 2019.

Frog.2019c (forthcoming) "Understanding Embodiment through Lived Religion: A Look at Vernacular Physiologies in an Old Norse Milieu". In *Old Norse Mythology, Materiality and Lived Religion*. Ed. Peter Jackson, Andreas Nordberg & Olof Sundqvist. Stockholm Studies in Comparative Religion series. Stockholm: Stockholm University Press.

Frog et al. 2012 = Frog, Anna-Leena Siikala & Eila Stepanova (eds.). 2012. *Mythic Discourses: Studies in Uralic Traditions*. Studia Fennica Folkloristica 20. Helsinki: Finnish Literature Society.

Frog et al. 2016 = Frog, Kaarina Koski & Ulla Savolainen. "At the Intersection of Text and Interpretation: An Introduction to Genre". In *Genre – Text – Interpretation: Multidisciplinary Perspectives on Folklore and Beyond*. Studia Fennica Folkloristica 22. Helsinki: Finnish Literature Society. Pp. 17–43.

Frog &PauliinaLatvala with Helen F. Leslie (eds.). 2013. *Approaching Methodology*. 2nd rev.

edn. Helsinki: Academia Scientiarum Fennica.

Frog & Janne Saarikivi. 2015. "De situ linguarum fennicarum aetatis ferreae, Pars I" ['The Situation of Finnic Languages in the Iron Age, Part I']. *RMN Newsletter* 9: 64–115.

Frog & Lotte Tarkka (eds.). 2017. *Parallelism in Verbal Art and Performance*. Special issue of *Oral Tradition* 31(2).

Frog with Lotte Tarkka. 2017. "Parallelism in Verbal Art and Performance: An Introduction".

In Frog & Tarkka 2017: 203–232.

Gabbert, Lisa. 1999. "The 'Text/Context' Controversy and the Emergence of Behavioral

Approaches in Folklore". *Folklore Forum* 30(1/2):119–128.

Ganander 1787 [1997]. *Nyttfinskt lexicon*. Ed. LiisaNuutinen. Helsinki:SuomalaisenKirjallisuudenSeura

Ganander, Christfrid. 1789. *Mythologiafennica, ellerförklaringöfver de nomina propria deastrorum, idolorum, locorum, virorum&c. ellerafgudarochafgudinnor, forntidensmärkeligepersoner, offer och offer-ställen, gamlasedvänjor, jättar, troll, skogs- sjö- och bergs-rån m. m. somförekomma i de äldrefinska troll-runor, synnyt, sanat, sadut, arwotuxet&c. samtänbrukasochnämnas i dagligttal; tilderastjenst, som vela i grundförstådetfinskaspråket, ochhaf vasmakförfinskahistorienochpoësin*. Åbo.

Georges, Robert A. 1986. "The Pervasiveness in Contemporary Folklore Studies of Assumptions, Concepts, and Constructs Usually Associated with the Historic-Geographic Method". In Dégh 1986a: 87–103.

Goldberg, Christine. 1997. *The Tale of the Three Oranges*. FF

Communications 263.
Helsinki: SuomalainenTiedeakatemia.

Gomme, G.L. 1885. "The Science of Folk-Lore". *The Folk-Lore Journal* 3(1): 1–16.

Gomme, G.L. 1908. *Folklore as an Historical Science*. London: Methuen & Co.

Graff, Harvey J. 2015. *Undisciplining Knowledge: Interdisciplinarity in the Twentieth Century*. Baltimore: Johns Hopkins University Press.

Griffiths, Devin. 2017. "The Comparative Method and the History of the Modern Humanities". *History of the Humanities* 2(2): 473–505.

Grimm, Jocob, & Wilhelm Grimm. 1812–1815. *Kinder- und Haus-Märchen*, I–II. Berlin: Realschulbuchhandlung.

Haapoja-Mäkelä, Hiedi, Eila Stepanova & Lotte Tarkka. 2018. "The Kalevala's Languages: Receptions, Myths, and Ideologies". *Journal of Finnish Studies* 21(1–2): 15–45.

Haavio, Martti. 1934. *Suomalaisenmuinaisrunoudenmaailma.*

Porvoo: Werner Söderström.

Haavio, Martti. 1952. *Väinämöinen. EternalSage*. FF Communications 144. Helsinki: Academia Scientiarum Fennica.

Haavio, Martti. 1965. "Lemminkäinen". *Virittäjä* 69: 359–372.

Hafstein, Valdemar. 2001. "Biological Metaphors in Folklore Theory: An Essay in the History of Ideas". *Arv: Scandinavian Yearbook of Folklore* 57: 7–32.

Hafstein, Valdimar Tr. 2018. *Making Intangible Heritage: El Condor Pasa and Other Stories from UNESCO*. Bloomington: Indiana University Press.

Halliday, Michael Alexander Kirkwood. 1978. *Language as Social Semiotic*: London: Edward Arnold.

Harvilahti, Lauri. 2003. *The Holy Mountain*. FF Communications 282. Helsinki: Academia Scientiarum Fennica.

Harvilahti, Lauri. 2012. "Finland". In Bendix & Hasan-Rokem 2012: 391–408.

Harvilahti, Lauri. 2013. "Ethnocultural Knowledge and

Mythical Models: The Making of St Olaf, the God of Thunder, and St Elijah during the First Centuries of the Christian Era in the Scandinavian and Baltic Regions". In *The Performance of Christian and Pagan Storyworlds:* Non-*Canonical Chapters of the History of Nordic Medieval Literature*.Ed. Lars Boje Mortensen &Tuomas M.S. Lehtonen. Turnhout: Brepols. Pp. 199–219.

Harvilahti, Lauri. 2019 (in press). "Mythic Logic and Meta-Discursive Practice in the Scandinavian and Baltic Regions". In Bertell et al. 2019.

Harvilahti, Lauri, & Elina Rahimova. 2012. "Lemminkäinen – Adventure-Loving Braggart or
Mythic Hero?". In Frog et al. 2012: 68–81.

Hasan-Rokem, Galit. 2000. "Aurora Borealis: Trans-Formations of Classical Nordic
Folklore Theories". In *Norden og Europa: Fagtradisjoner i nor disketnologiogfolklotistikk*.
Oslo: Novus Forlag. Pp. 269–285.

Hasan-Rokem, Galit. 2016. "Ecotypes: Theory of the Lived and Narrated Experience".

Narrative Culture 3(1:6): 110–137.

Hautala, Jouko. 1945. *Lauri Lappalaisen runo. Vertaileva kansanrunoudentutkimus*.
Helsinki: Suomalaisen Kirjallisuuden Seura.

Hautala, Jouko. 1954. *Suomalainenkansanrunoudentutkimus*.
Helsinki: SuomalaisenKirjallisuudenSeura.

Hautala, Jouko. 1969. *Finnish Folklore Research 1828–1918*.
Helsinki: SocietasScientiarum Fennica.

Holbeck, Bengt. 1998. *Interpretation of Fairy Tales: Danish Folklore in European Perspective*.
FF Communications 239. Helsinki: Suomalainen Tiedeakatemia.

Honko, Lauri. 1959. *Krankheitsprojektile: Untersuchungüberei neurtümlicheKrankheitserklärung*.
FF Communications 178. Helsinki: Suomalainen Tiedeakatemia.

Honko, Lauri, 1962. *Geisterglaube in Ingermanland*. FF Communications185.
Helsinki: Suomalainen Tiedeakatemia.

Honko, Lauri. 1963. "Itkuvirsiperinne". In Kuusi 1963f:

81–128.

Honko, Lauri. 1974 “Balto-Fennic Lament Poetry”. In *Finnish Folkloristics 1*. Ed. PenttiLeino with Annikki Kaivola-Bregenhøj&Urpo Vento. Studia Fennica 17. Helsinki: SuomalaisenKirjallisuudenSeura. Pp. 9–61.

Honko, Lauri. 1979a. “A Hundred Years of Finnish Folklore Research: A Reappraisal”. *Folklore* 90(2): 141–152.

Honko, Lauri 1979b. “Perinteensopeutumisesta”. *Sananjalka*21: 57–76.

Honko, Lauri. 1981a. “Four Forms of Adaptation of Tradition”. In *Adaptation, Change, and Decline in Oral Literature*. Ed. Lauri Honko&Vilmos Voigt. Studia Fennica 26. Helsinki: SuomalaisenKirjallisuudenSeura. Pp. 19–33.

Honko, Lauri. 1981b. “Traditionsekologi – EnIntroduktion”. In *Tradition ochMiljö: Ettkulturekologiskt Perspektiv*. Ed. Lauri Honko&OrvarLöfgren. NIF Publications 11. Lund: Liber Läromedel. Pp. 9–63.

Honko, Lauri. 1985. “Rethinking Tradition Ecology”. *Temenos: Studies in Comparative Religion* 21: 55–82.

Honko, Lauri. 1986. “Types of Comparison and Forms of Variation”. In Dégh 1986a: 105–124.

Honko, Lauri. 1989. “Folkloristic Theories of Genre”. *Studia Fennica* 33: 13–28.

Honko, Lauri. 1997. “Hunting: Introduction”. In *The Great Bear: A Thematic Anthology of Oral Poetry in the Finno-Ugrian Languages*. Ed. Lauri Honko, Senni Timonen & Michael Branch. Poems trans. KiethBosely. Pieksämäki: SuomalaisenKirjallisuudenSeura. Pp. 117–140.

Honko, Lauri. 1998. *Textualising the Siri Epic*. FF Communications 264.
Helsinki: SuomalainenTiedeakatemia.

Honko, Lauri. 2000. “Text as Process and Practice: The Textualization of Oral Epics”.
In *Textualization of Oral Epics*. Ed. Lauri Honko. Trends in Linguistics 128. Berlin:
Mouton de Gruyter. Pp. 3--54.

Honko, Lauri. 2002. "The Kalevala as Performance" In*The Kalevala and the World's Traditional Epics*. Ed. Lauri Honko. Studia Fennica Folkloristica 12. Helsinki: Finnish Literature Society. Pp. 13–25.

Honko, Lauri. 2013. *Theoretical Milestones: Selected Writings of Lauri Honko*.
Ed. PekkaHakamies&AnneliHonko. FF Communications 304. Helsinki: Academia Scientiarum Fennica.

Hultkrantz, Åke. 1960. *International Dictionary of Regional European Ethnology and Folklore*, I. Copenhagen: Rosenkilde& Bagger.

Hymes, Dell 1981. *"In Vain I Tried to Tell You". Essays in Native American Ethnopoetics*. Philadelphia:University of Pennsylvania Press.

Jason, Heda. 1970. "The Russian Criticism of the 'Finnish Method' of Folktale Scholarship". *Norveg* 14: 285–294.

Jason, Heda 2000. *Motif, Type and Genre: A Manual for Compilation of Indices and A Bibliography if Indices and Indexing*. FF Communications 273. Helsinki: Academia

Scientiarum Fennica.

Jauhiainen, Marjatta. 1998. *The Type and Motif Index of Finnish Belief Legends and Memorates*. FF Communications 267. Helsinki: Academia Scientiarum Fennica.

Jones, William. 1799 [1786]. "On the Hindus". In William Jones, *The Works of Sir William Jones*, I. London: Robinson. Pp. 19–34.

Kallas, Oskar. 1901. *Wiederholungslieder der estnischenVolksposie I: FolkloristischeUntersuchung*. Helsingfors: Société finno-ougrienne.

Kallio, Kati 2013. *Laulamisen tapoja: Esitysareena, rekisteri ja paikallinen laji länsi-inkeriläisessä kalevalamittaisessa runossa*. Helsinki: SuomalaisenKirjallisuudenSeura.

Kallio, Kati. 2015. "Multimodal Register and Performance Arena in Ingrian Oral Poetry". In Agha & Frog 2015: 322–335.

Kallio, Kati. 2016. "Changes in the Poetics of Song during the Finnish Reformation". In *Re-Forming the Early Modern North: Text, Music and Church Art*.Ed.

Tuomas M.S. Lehtonen& Linda Kaljundi. Amsterdam: Amsterdam University Press. Pp. 125–155.

Kallio, Kati, TuomasLehtonen,Senni Timonen, Irma-RiittaJärvinen & IlkkaLeskelä. 2017.*Laulutjakirjoitukset: Suullinenjakirjallinenkulttuuriuudenajanalun Suomessa.* Helsinki: Finnish Literature Society.

Kamppinen, Matti. 1989. *Cognitive Systems and Cultural Models of Illness: A Study of Two Mestizo Peasant Communities of the Peruvian Amazon.* FF Communications 244. Helsinki; Academia Scientiarum Fennica.

Katajamäki, Santeri, & Karina Lukin. 2013. "Textual Trails from Oral to Written Sources: An Introduction". In Lukin et al. 2013: 8–17.

Kaukonen, Väinö 1939–1945. *Vanhan Kalevalankokoonpano,* I–II. Helsinki: SuomalaisenKirjallisuudenSeura.

Kaukonen, Väinö 1956. *Kalevala: Toinen pianos.* Helsinki:SuomalaisenKirjallisuudenSeura.

Kaukonen, Väinö 1979. *Lönnrot ja Kalevala.* Helsinki:

SuomalaisenKirjallisuudenSeura.

Kerbelytė, Bronislava. 2015. *The Structural-Semantic Types of Lithuanian Folk Tales*, I–II.

FF Communications 308–309. Helsinki; Academia Scientiarum Fennica

Kiparsky, Paul. 1976. "Oral Poetry: Some Linguistic and Typological Considerations". In *Oral Literature and the Formula*. Ed. Benjamin A. Stolz & Richard S. Shannon III. Ann Arbor: Center for the Coördination of Ancient and Modern Studies, University of Michigan. Pp. 73-106.

Klein, Barbro. 2006. "Cultural Heritage, the Swedish Folklife Sphere, and the Others".

Cultural Analysis 5: 57–80.

afKlintberg, Bengt. 2010. *The Types of the Swedish Folk Legend*. FF Communications 300.

Helsinki: Academia Scientiarum Fennica.

Koski, Kaarina. 2011. *Kuolemanvoimat:*

Kirkonväkisuomalaisessauskomusperinteessä.

Helsinki:Suomalaisen Kirjallisuuden Seura.

Koski, Kaarina. 2012. “Ghosts, Vermin, and the Ill-Mannered: Polysemous Words Denoting Opposition to Social Order”. In *Finno-Ugric Folklore, Myth and Cultural Identity: Proceedings of the 5th International Symposium on Finno-Ugric Languages in Groningen*. Ed. Cornelius Hasselblatt& Adrian van der Hoeven. Studia Fenno-UgricaGroningana 7. Maastricht: Shaker. Pp. 153–164.

Krohn, Julius. 1872. “Wirolaiset ja ylimalkaan länsi-suomalaiset aineet Kalevalassa”. *Suomi* 2:10: 135–176.

Krohn, Julius. 1883. *Suomalaisenkirjallisuudenhistoria, Ensimäinenosa: Kalevala.*
Helsinki: SuomalaisenKirjallisuudenSeura.

Krohn Kaarle. 1887.
Tutkimuksiasuomalaistenkansansatujenalalta, I:Viekka ammansuhdeväkevämpäänsäketunseikoissakuvattuna.
Helsinki: SuomalaisenKirjallisuudenSeura.

Krohn Kaarle. 1888. *Bär (Wolf) und Fuchs: Eine nordischeTiermärchenkette: VergleichendeStudie*.
Helsingfors: Die FinnischeLiteratur-gesellschaft.

Krohn, Kaarle. 1891a. *Mann und Fuchs: DreivergleichendeMä*

rchenstudien. Helsingfors: J.C. Frenckell& Son

Krohn, Kaarle. 1891b. "La méthode de M. Jules Krohn". In *Congrésinternationale des traditions populaires, Paris 1889*. Paris: Société d'éditionsscientifiques. Pp. 64–68.

Krohn, Kaarle. 1903–1910. *Kalevalanrunojenhistoria*. Helsinki: SuomalaisenKirjallisuudenSeura.

Krohn, Kaarle. 1903. *Erstemitteilung des folkloristischen Forscherbundes "FF"*. Helsinki: [FinnischeLiteratur-gesellschaft].

Krohn, Kaarle. 1909. "Suomalaisestakansanrunoudentutkimuksenmetodista". *Valvoja* 29: 103–112.

Krohn, Kaarle. 1910. "Über die finn. folkloristische Methode". *Finnisch-ugrische Forschungen* 10: 33–43.

Krohn, Kaarle. 1918. Kalevalankysymyksiä: Opas Suomen *kansanvanhojenrunojentilaajillejakäyttäjilleynnäsuomalaisenkansanrunoudenopiskelijoillejaharrastajille*I–II. Suomalais-UgrilaisenSeuranAikakauskirja 35–36. Helsinki: Suomalais-UgrilainenSeura..

Krohn, Kaarle. 1924–1928. *Kalevalastudien* I–VI. FF Communications 53, 67, 71–72, 75–76. Helsinki:

Academia Scietiarum Fennica.

Krohn, Kaarle. 1926. *Die folkloristischeArbeits-methode: Begründet von Julius Krohn und weitergeführt von nordischenForschern*. Oslo: Aschehoug.

Kuhn, Adalbert. 1864. "Indische und germanischeSegenssprüche". *Zeitschriftfürvergleichende Sprachforschung auf demGebiete der deutschen, griechischen und lateinischenSprache*13: 49–74, 113–157.

Kuusi, Matti. 1957. "Kalevalaisen muinaisepiikan viisi tyylikautta." *Kalevalaseuran vuosikirja* 37: 109–128.

Kuusi, Matti. 1963a. "Esisuomalainen runous". In Kuusi 1963f: 31–80.

Kuusi, Matti. 1963b. "Keskiajan kalevalainen runous". In Kuusi 1963f: 273–397.

Kuusi, Matti. 1963c. "Myöhäiskalevalainen runous". In Kuusi 1963f: 398–417.

Kuusi, Matti. 1963d. "Sydänkalevalainen runous". In Kuusi 1963f: 216–72.

Kuusi, Matti. 1963e. "Varhaiskalevalainen runous". In Kuusi 1963f: 129–215.

Kuusi, Matti (ed.). 1963f. *Suomen kirjallisuus*, I. Helsinki: Suomalaisen Kirjallisuuden Seura.

Kuusi, Matti. 1994. "The Five Stylistic Periods of Ancient Kalevala Epic". *Mind and Form in Folklore: Selected Articles*. Ed. Henni Ilomäki. Trans. Hildi Hawkins. Helsinki: Suomalaisen Kirjallisuuden Seura. Pp. 37–49.

Kuusi, Matti. 1975. "'The Bridge and the Church': An Anti-Church Legend". In *Finnish Folkloristics 2*. Ed. PenttiLeino, with Annikki Kaivola-Bregenhøj&Urpo Vento. Studia Fennica 18. Helsinki: SuomalaisenKirjallisuudenSeura. Pp. 37–75.

Kuusi, Matti. 1980. "Suomalainentutkimusmenetelmä".In Lehtipuro, Outi (ed.): *Perinteentutkimuksen perusteita*. Porvoo: WSOY. Pp. 21–73.

Kuusi, Matti, Keith Bosley& Michael Branch (eds. & trans.). 1977. *Finnish Folk Poetry – Epic: An Anthology in Finnish and English*. Helsinki: Finnish Literature Society.

Lachmann, Karl. 1830 [1876]. "Rechenschaftüber L. Ausgabe des NeuenTestements". In Karl Lachmann, *KleinereSchriften* II. Berlin: G. Reimer. Pp. 250–272.

Lachmann, Karl. 1836 [1829]. *Zu den Nibelungen und zur Klage*. Berlin: G. Reimer.

Lang, Andrew. 1884. *Custom and Myth*. London: Longmans, Green, & Co.

Leitzmann, Albert (ed.). 1927. *Briefwechsel der Brüder Jacob und Wilhelm Grimm mit Karl Lachman* I–II. Jena: Frommann.

Lönnrot, Elias. 1827. *De Väinämöine, priscorum Fennorumnumine*. Aboae: Joh.
Christoph. Frenkell&Filii.

Lönnrot, Elias. 1835. *Kalewala, taikka wanhoja Karjalan runoja Suomen kansan muinoista ajoista*. Helsinki: Suomalaisen Kirjallisuuden Seura.

Lönnrot, Elias. 1990 [1839]."Alkuluomisesta". In Elias Lönnrot, *Valitutteokset II: Mehiläinen*. Helsinki: SuomalaisenKirjallisuudenSeura. Pp. 557–560

Lönnrot, Elias. 1849. *Kalevala*.Helsinki: Suomalaisen

Kirjallisuuden Seura.

Lönnrot, Elias. 1880. *Kalevala*.Helsinki: Suomalaisen Kirjallisuuden Seura.

Lord, Albert B. 1960. *The Singer of Tales*. Harvard Studies in Comparative Literature 24. Cambridge: Harvard University Press.

Lowth, Robert. 1753. *De sacra poesiHebræorum: Prælectiones academic Oxoniihabitæ a Roberto Lowth A.M. collegiinovinuper socio, et poeticæ public prælectore: Subjiciturmetricaeharianae brevis confutatio et oratiocrewiana*. Oxonius: Clarendonia.

Lukin,Karina, Frog &SakariKatajamäki (eds.). 2013 *Limited Sources, Boundless Possibilities: Textual Scholarship and the Challenges of Oral and Written Texts*.Special issue *RMN Newsletter* 7.

Maas, Paul. 1957 [1st edn 1927]. *Textkritik*. 3rdedn. Leipzig: Teubner.

Mieder, Wolfgang. 2009. "'VieleWegeführenzurGlobalisierung': Zur Übersetzung

Und VerbreitungangloamerikanischerSprichtwörter in

Europa". In

Erzählkultur: BeiträgezurkulturwissenschaftlichenErzählf orschung: Hans-Jörg Uther zum 65. Geburtstag. Ed. Rolf Wilhelm Brednich. Berlin: de Gruyter. Pp. 443–462.

Müller-Sievers, Helmut. 2001. "Reading Evidence: Textual Criticism as Science in the Nineteenth Century". *Germanic Review* 76(2): 162–171.

Nenola, Aili. 1986. "The Units of Comparison in the Study of Baltic-Finnish Laments". In Dégh 1986a: 204–220.

Nenola-Kallio, Aili1982. *Studies in Ingrian Laments*. FF Communications 234. Academia Scientiarum Fennica, Helsinki.

Niemi, A.R. 1898. *Kalevalan kokoonpano I: Runokokous Väinämöisestä.*

Helsinki: Suomalaisen Kirjallisuuden Seura.

Niemi, A.R. 1929. "Runontutkimuksemmemetodista". *Kalevalaseuranvuosikirja* 9: 22–51.

Nutt, Alfred,& G.L. Gomme. 1884.!Folk-Lore Terminology". *The Folk-Lore*

*Journal*2(10), Pp. 311-316

Olrik, Axel. 1908. “Episke love i folkedigtningen”. *Danske Studier* 1908: 69–89.

Olrik, Axel. 1965. “Epic Laws of Folk Narrative”. In *The Study of Folklore*. Ed.

Alan Dundes. Englewood Cliffs: Prentice-Hall. Pp. 129–141.

Noyes, Dorothy. 2012. “The Social Base of Folklore”. In *A Companion to Folklore*. Ed. Regina F. Bendix &Galit Hasan-Rokem. Hoboken: Wiley-Blackwell. Pp. 13–39.

Parry, Milman. 1928.*L'épithètetraditionnelledansHomère*. Paris: Société d'Éditions“LesBellesLettres”.

Pentikäinen, Juha. 1978. *Oral Repertoire and World View: An Anthropological Study of Marina Takalo's Life History*. FF Communications 219. Helsinki: SuomalainenTiedeakatemia.

Pentikäinen, Juha 1999. *Kalevala Mythology*. Bloomington: Indiana University Press.

Peterson-Lewis, Sonja. 2013. “The Ghost of Methodologies Past: Untangling Methods, Methodologies, and Methodologists in Black Studies”. In Frog &Latvala

with Leslie 2013: 131–151.

Pöge-Alder, Kathrin. 2007. *Märchenforschung: Theorien, Methoden, Interpretationen*. Tübingen: Narr.

Porthan, Henricus Gabriel. 1766–1768, 1778. *Disserttationis de poësi Fennica*. Åbo: Joh. Christoph. Frenckell.

Power, Rosemary. 1984. "Journeys to the North in the Icelandic *Fornaldarsögur*." *Arv* 40: 7–25.

Propp, Vladimir. 1958 [1928]. *Morphology of the Folktale*. Bloomington: Indiana University Press.

Reichl, W.H. 1862. "Die VolkskundealsWissenschaft: Ein Vortrag. In W.H. Reichl, *CulturstudienausdreiJahrhunderten*. Stuttgart: J.G. Cotta'scher Verlag. Pp. 205–229.

Reichl Karl. 2017. "Formulas in Oral Epics: The Dynamics of Metre, Memory and Meaning". In Frog 2017f: 34–54.

Saarinen, Jukka. 2013. "Behind the Text: Reconstructing the Voice of a Singer". *RMN Newsletter* 7: 34–43.

Saarinen, Jukka.2018.*Runolaulunpoetiikkasäe, syntaksijaparallelismi Arhippa Perttusenrunoissa*. Helsinki: University of Helsinki.

Salminen, Väinö 1917. *Häärunotutkimuksia I. Länsi-Inkerin häärunot.*

Helsinki: SuomalaisenKirjallisuudenSeura.

Salminen, Väinö 1929b. *Kertovien runojen historiaa: Inkeri.* Suomi 5:8. Helsinki:

Suomalaisen Kirjallisuuden Seura.

Salminen, Väinö 1934. *Suomalaisten muinaisrunojen historia.* Helsinki: Suomalaisen

Kirjallisuuden Seura.

Saussure, Ferdinand de. 1916 [1967]. *Cours de linguistiquegénérale.* Paris: Éditions Payot&Rivages.

Schleicher, August. "Die erstenSpaltungen des indogermanischenUrvolkes".

Allgemeine MonatsschriftfürWissenschaft und Literatur 3: 786–787.

Setälä, E.N. 1932. *Sammon arvoitus.* Helsinki: Otava.

Setälä, E.N., & Kaarle Krohn. 1901. "Plan der Zeitschrift". *Finnisch-ugrischeForschungen* 1: 6–14.

Siikala, Anna-Leena 1978. *The Rite Technique of the Siberian Shaman.*

FF Communications 220. Helsinki: Academia Scientiarum Fennica.

Siikala, Anna-Leena. 1986. "Variation in the Incantation and Mythical Thinking: The Scope of Comparative Research". In Dégh 1986a: 187–204.

Siikala, Anna-Leena.1990 [1986].*Interpreting Oral Narrative.* FF Communications 245. Helsinki: Academia Scientiarum Fennica.

Siikala, Anna-Leena. 2002a [1992]. *Mythic Images and Shamanism: A Perspective on Kalevala Poetry*. FF Communications 280. Helsinki: Academia Scientiarum Fennica.

Siikala, Anna-Leena. 2002b. "The Singer Ideal and the Enrichment of Poetic Culture: Why Did the Ingredients for the *Kalevala* Come from Viena Karelia?". In The Kalevala and the World's *Traditional Epics*. Ed. Lauri Honko. Studia Fennica Folkloristica 12. Helsinki: Finnish Literature Society. Pp. 26–43.

Siikala, Anna-Leena. 2012a. *Itämerensuomalaistenmytologia.* Helsinki: SuomalaisenKirjallisuudenSeura.

Siikala, Anna-Leena. 2012b. "Myths as Multivalent Poetry: Three Complementary Approaches". In Frog, Siikala & Stepanova 2012: 17–39.

Siikala Jukka. 2006. "The Ethnography of Finland". *Annual Review of Anthropology* 35: 153–170.

Stark, Laura 2006. *The Magical Self: Body, Society and the Supernatural in Early Modern Rural Finland.* FF Communications 290. Helsinki: Academia Scientiarum Fennica.

Štasov, V.V. 1868.*Происхождение русских былины*. Вестник Европы 1 & 2.

Stepanova, Eila. 2011. "Reflections of Belief Systems in Karelian and Lithuanian Laments: Shared Systems of Traditional Referentiality?". *ArchaeologiaBaltica* 15: 128–143.

Stepanova, Eila. 2012. "Mythic Elements of Karelian Laments: The Case of *syndyzet* and *spuassuzet*". In Frog, Siikala & Stepanova 2012: 257–287.

Stepanova, Eila. 2014. *Seesjärveläisten itkijöiden rekisterit:Tutkimus äänellä itkemisen käytänteistä, teemoista ja käsitteistä*. Kultaneiro 14. Joensuu: Suomen Kansantietouden Tutkijain Seura.

Stepanova Eila. 2015. “The Register of Karelian Lamenters”. In Agha & Frog 2015: 258–274.

von Sydow, C.W. 1932 [1948]. “On the Spread of Traditions”. In von Sydow 1948b: 11–43.

von Sydow, C.W. 1934 [1948]. “Geography and Folktale Oicotypes”. In von Sydow 1948b: 44–59.

von Sydow, C.W. 1948a. “Folk-Tale Studies and Philology: Some Points of View”. In von Sydow 1948b: 189–219.

von Sydow, C.W. 1948b. *Selected Papers on Folklore Published on the Occasion of his 70th Birthday*. Copenhagen: Rosenkilde& Bagger.

de Sylva, Francisco Vaz. 2012. “Tradition Without End”. In Bendix & Hasan-Rokem 2012: 40–54.

Tarkka, Lotte. 1993. “Intertextuality, Rhetorics and the Interpretation of Oral Poetry: A Case of Archived Orality”. In *Nordic Frontiers: Recent Issues in the Study of Modern Traditional Culture in the Nordic Countires*. Ed. Pertti J. Anttonen&ReimundKvideland. Turku: Nordic

Institute of Folklore. Pp. 165–193.

Tarkka, Lotte. 1998. "Sense of the Forest: Nature and Gender in Karelian Oral Poetry". In *Gender and Folklore: Perspectives on Finnish and Karelian Culture*. Ed. Satu Apo, AiliNenola, Laura Stark-Ahola. Studia Fennica Folkloristica 4. Helsinki: Finnish Literature Society. Pp. 92-142.

Tarkka, Lotte. 2013 [2005]. *Songs of the Border People: Genre, Intertextuality, and Metapoetry in Kalevala Metre Rune-Singing*. FF Communications. Helsinki: Academia Scientiarum Fennica.

Tarkka, Lotte. 2015. "Picturing the Otherworld: Imagination in the Study of Oral Poetry". *RMN Newsletter* 10: 17–33.

Taylor, Edward B. 1874 [1871]. *Primitive Culture: Researches into the Development of Mythology, Philosophy, Religion, Language, Art and Custom*, I–II. New York: Henry Holt & Company.

Taylor, Archer. 1928. "Precursors of the Finnish Method of Folk-Lore Study". *Modern Philology* 25(4): 481–491.

Tedlock, Dennis 1983. *The Spoken Word and the Work of*

Interpretation. Philadelphia: University of Pennsylvania Press.

Thompson, Stith. 1928. *The Types of the Folk-Tale: A Classification and Bibliography*. Helsinki: Academia Scientiarum Fennica.

Thompson, Stith. 1951. *The Folktale*. New York: Dryden.

Thompson, Stith. 1955. *Narrative Motif-Analysis as a Folklore Method*. FF Communications 161. Helsinki: Academia Scientiarum Fennica.

Thompson, Stith. 1955–1958. *Motif-Index of Folk-Literature: A Classification of Narrative Elements in Folktales, Ballads, Myths, Fables, Mediaeval Romances, Exempla, Fabliaux, Jest-Books and Local Legends* I–VI. Revised and expanded edition. Copenhagen: Rosenkilde& Bagger.

Thompson, Stith. 1963. "Folklore Trends in Scandinavia". *Journal of American Folklore* 74(294): 313–320.

Timonen, Senni 2004. *Minä, Tila, Tunne. Näkökulmia Kalev avamittaiseenKansanlyriikaan*. Helsinki: Suomalaisen Kirjallisuuden Seura.

Uther, Hans-Jörg. 2004. *The Types of International Folktales* I–

III. FF Communications 284–286. Helsinki: Academia Scientiarum Fennica.

Virtanen, Leea 1968. *Kalevalainen laulutapa Karjalassa.* Suomi 113:1. Helsinki: Suomaliasen Kirjallisuuden Seura.

Virtanen, Leea 1987. "Suomalaisen ja virolaisen kansanrunouden suhteista". In *Viron Veräjät: Näkökulmia folkloreen.* Ed. Leea Virtanen. Helsinki: Suomalaisen Kirjallisuuden Seura. Pp. 14–34.

Virtanen, Matti. 2002. *Fennomanianperilliset: Poliittisettr aditiotjaskupolviendynamiikka.* Helsinki: Suomalaisen Kirjallisuuden Seura.

West, M. L. 2007. *Indo-European Poetry and Myth.* Oxford: Oxford University Press.

Wilgus, D.K. 1973. "The Text Is the Thing". *Journal of American Folklore* 86(341): 241–252.

Wilson, William A. 1976. *Folklore and Nationalism in Modern Finland.* Bloomington: Indiana University Press.

Wilson, William A. 1976b. "The Evolutionary Premise in Folklore Theory and the 'Finnish Method'". *Western*

Folklore 35(4): 241–249.

Witzel, Michael. 2012. *The Origin of the World's Mythologies*. Oxford: Oxford University Press.

Wolf-Knuts, Ulrika. 2000. “On the History of Comparison in Folklore Studies”. In *Thick Corpus, Organic Variation and Textuality in Oral Tradition*. Ed. Lauri Honko. Studia Fennica Folkloristica 7. Helsinki: Finnish Literature Society. Pp. 254–283.

Wolf-Knuts, Ulrika. 2013. “The Omnipresent Method”. In Frog &Latvala with Leslie 2013: 15–38.

Wolff, Friedrich August. 1795. *Prolegomena ad Homerum*.

Žirmunskij, V.M. 2004. “«Калевала» и финскаяшколафольклористики”. In *Фольклорзапада и востока: Сравнительно-историческиеочерки*. Москва.

附录

“跨文化研究”丛书书目[1]

1 乐黛云《跨文化方法论初探》，中国大百科全书出版社，2016。

2 [法]汪德迈（Léon Vandermeersch）《中国文化思想研究》，中国大百科全书出版社，2016。

3 [法]金丝燕、[法]法宝（Dhammaratana Tampalawela）《佛经汉译之路：〈长阿含·大本经〉对勘研究》，北京大学出版社，2016。

4 [法]金丝燕《文化转场：中国与他者》，中国大百科全书出版社，2016。

5 程正民《跨文化研究与巴赫金诗学》，中国大百科全书出版社，2016。

6 董晓萍《跨文化民间文艺学》，中国大百科全书出版社，2016。

[1] “跨文化研究”丛书是教育部人文社会科学重点研究基地“十三五”规划重大项目“跨文化视野下的汉语、汉字和民俗文化研究”的综合性研究成果，[法]金丝燕、董晓萍主编，国内出版社参与出版的有：中国大百科全书出版社、北京大学出版社、商务印书馆、中国人民大学出版社、高等教育出版社、中国社会科学出版社、文化艺术出版社、上海大学出版社和北京师范大学出版社。法国出版社有：Paris:Éditions You Feng Libraire &Éditeur,Paris：Editions Nuvis，在法出版的“跨文化研究平台丛书”由乐黛云、[法]金丝燕、董晓萍主编。

7 [法]劳格文(John Lagerwey)华南民俗志》，中国大百科全书出版社，2016。

8 王邦维《跨文化的想象：文献、神话与历史》，中国大百科全书出版社，2017。

9 王一川《跨文化艺术美学》，中国大百科全书出版社，2017。

10 董晓萍《跨文化民俗学》，中国大百科全书出版社，2017。

11 董晓萍《跨文化民俗志》，中国大百科全书出版社，2017。

12 董晓萍《钟敬文与中国民俗学派》，中国社会科学出版社，2017。

13 [爱沙尼亚]于鲁·瓦尔克(Ülo Valk)《信仰·体裁·社会》，董晓萍译，中国大百科全书出版社，2017。

14 [法]劳格文(John Lagerwey)、谭伟伦主编《(一)闽西客家社会——长汀》，中国人民大学出版社，2017。

15 [法]劳格文(John Lagerwey)、谭伟伦主编《(二)闽西客家社会——宁化》，中国人民大学出版社，2017。

16 [法]劳格文(John Lagerwey)、谭伟伦主编《(三)与非客的社会》，中国人民大学出版社，2017。

17 [法]劳格文(John Lagerwey)、谭伟伦主编《(四)粤东粤北社会》，中国人民大学出版社，2017。

18 [法]汪德迈(Léon Vandermeersch)《中国思想的两种理性：占卜与表意》，[法]金丝燕译，北京大学出版社，2017。

19 王宁《汉字六论》，中国大

百科全书出版社，2017。
20 [法]汪德迈（Léon Vandermeersch）、金丝燕编著《古文言读本》（法文版），Paris：Éditions You Feng Libraire & Éditeur，2017。
21 [法]金丝燕等译《药师琉璃光七佛本愿功德经》（法文版），Paris：Éditions You Feng Libraire & Éditeur，2017。
22 董晓萍《中国经典故事》（法文版），Paris：Nuvis，2017。
23 [德]艾伯华（Wolfram Eberhard）《中国民间故事类型》（修订版），王燕生、周祖生译，刘魁立审校，董晓萍校注，商务印书馆，2017，2018。
24 [法]汪德迈（Léon Vandermeersch）《跨文化中国学》，中国大百科全书出版社，2018。
25 乐黛云、陈越光主编《全球视野下的中国文化本位》，中国人民大学出版社，2018。
26 乐黛云、陈越光主编《全球治理、国家治理和社会治理》，中国人民大学出版社，2018。
27 [法]金丝燕主编《中国当代艺术》（法文版），Paris Nuvis，2018。
28 [法]白乐桑（Jöel Belensan）《跨文化汉语教育学》，中国大百科全书出版社，2018。
29 [英]白馥兰（Francesca Bray）《跨文化中国农学》，董晓萍译，中国大百科全书出版社，2018。
30 董晓萍《跨文化民俗体裁学》，中国大百科全书出版社，2018。

31 王宁《跨文化汉字学》，Paris：Éditions You Feng Libraire & Éditeur，2018。
32 程正民《巴赫金诗学》，Paris：Éditions You Feng Libraire & Éditeur，2018。
33 程正民《巴赫金的诗学》，程正民主编，中国社会科学出版社，2019。
34 王志耕《俄罗斯社会学诗学》，程正民主编，中国社会科学出版社，2019。
35 张冰《俄罗斯形式主义诗学》，程正民主编，中国社会科学出版社，2019。
36 贾放《普罗普的故事诗学》，程正民主编，中国社会科学出版社，2019。
37 马晓辉《俄罗斯历史诗学》，程正民主编，中国社会科学出版社，2019。
38 张冰《洛特曼的结构诗学》，程正民主编，中国社会科学出版社，2019。
39 钟敬文《钟敬文全集》第1册，董晓萍编《总目》，高等教育出版社，2018。
40 钟敬文《钟敬文全集》第2册，连树声编《中国民俗学派》，高等教育出版社，2018。
41 钟敬文《钟敬文全集》第3册，钟敬文主编、许钰、董晓萍副主编《民俗学概论》，高等教育出版社，2018。
42 钟敬文《钟敬文全集》第4册，董晓萍编《歌谣学/故事学》，高等教育出版社，2018。
43 钟敬文《钟敬文全集》第5册，董晓萍编《神话传说学/谚语与谜语/民族民间文学》，高等教育出版社，2018。
44 钟敬文《钟敬文全集》第

6册，董晓萍、刘铁梁编《民间文艺新论集/民间诗歌与文人诗/歌谣史与诗歌史》，高等教育出版社，2018。

45 钟敬文《钟敬文全集》第7册，董晓萍编《民间文学（香港版）/人民口头创作》，高等教育出版社，2018。

46 钟敬文《钟敬文全集》第8册，钟敬文主编《民间文学概论》，高等教育出版社，2018。

47 钟敬文《钟敬文全集》第9册，陈子艾编《民俗文化学与文化史》，高等教育出版社，2018。

48 钟敬文《钟敬文全集》第10册，董晓萍整理《民俗文化学个案研究：女娲考/〈水浒传〉专书研究》，高等教育出版社，2018。

49 钟敬文《钟敬文全集》第11册，王宁整理《民间文化传承学卷（第一册）/国学与外来学说》，高等教育出版社，2018。

50 钟敬文《钟敬文全集》第12册，王宁整理《民间文化传承学卷（第二册）/民间宗教与民间口头传承研究》，高等教育出版社，2018。

51 钟敬文《钟敬文全集》第13册，萧放编《历史民俗学》，高等教育出版社，2018。

52 钟敬文《钟敬文全集》第14册，杨利慧编《民间艺术学》，高等教育出版社，2018。

53 钟敬文《钟敬文全集》第15册，万建中编《民俗教育学》，高等教育出版社，2018。

54 钟敬文《钟敬文全集》第16册，程正民编《文艺学》，高等教育出版社，2018。
55 钟敬文《钟敬文全集》第17册，张恩和编《鲁迅研究文存（第一册）/关于鲁迅的论考与回想》，高等教育出版社，2018。
56 钟敬文《钟敬文全集》第18册，张恩和编《鲁迅研究文存（第二册）/鲁迅研究札记与译著》，高等教育出版社，2018。
57 钟敬文《钟敬文全集》第19册，何乃英编《国际交流卷》，高等教育出版社，2018。
58 钟敬文《钟敬文全集》第20册，童庆炳编《散文卷（第一册）/五四以来散文创作与抗战报告文学》，高等教育出版社，2018。
59 钟敬文《钟敬文全集》第21册，童庆炳编《散文卷（第二册）/现代散文与创作论》，高等教育出版社，2018。
60 钟敬文《钟敬文全集》第22册，董晓萍、康丽编《诗歌概论/诗歌通论/诗词格律要略》，高等教育出版社，2018。
61 钟敬文《钟敬文全集》第23册，胡友鸣编《考证〈白香词谱〉》，高等教育出版社，2018。
62 钟敬文《钟敬文全集》第24册，赵仁珪编《诗词总集》，高等教育出版社，2018。
63 钟敬文《钟敬文全集》第25册，赵仁珪、钟宜编《诗词补集》，高等教育出版社，2018。
64 钟敬文《钟敬文全集》第

26册，宫苏艺编《报刊文章》，高等教育出版社，2018。

65 钟敬文《钟敬文全集》第27册，秦永龙、董晓萍编《学术书信卷》，高等教育出版社，2018。

66 钟敬文《钟敬文全集》第28册，史玲玲、朱霞、赖彦斌、赵娜编《钟敬文与北师大民俗学史（1949-2013年）》，高等教育出版社，2018。

67 钟敬文《钟敬文全集》第29册，董晓萍、赖彦斌、赵娜编《钟敬文录像图文卷》，高等教育出版社，2018。

68 钟敬文《钟敬文全集》第30册，钟少华、钟宜、曹文瀚编《图片手迹》，高等教育出版社，2018。

69 董晓萍《文献与口头》，上海大学出版社，2019。

70 [法]金丝燕《文化转场：法国早期汉学视野研究》，中国大百科全书出版社，2019。

71 董晓萍《跨文化技术民俗学》，中国大百科全书出版社，2019。

72 董晓萍《跨文化民间叙事学》，中国大百科全书出版社，2019。

73 王一川《中国艺术心灵》，中国大百科全书出版社，2019。

74 李国英《〈说文解字〉研究四题》，中国大百科全书出版社，2019。

75 韩琦《康熙皇帝·耶稣会士·科学传播》，中国大百科全书出版社，2019。

76 [法]罗栖霞（Julie Lechemin）《法国国家图书馆：汉学图书的跨文化典藏》，中国大百科全书出版社，2019。

77 刘宁《跨文化俄苏文学访谈录》，李正荣整理，中国大百科全书出版社，2019。

78 [爱沙尼亚]于鲁·瓦尔克（Ülo Valk）《信仰故事学》，董晓萍译，中国大百科全书出版社，2019。

79 董晓萍《国家·历史·民俗》，中国大百科全书出版社，2019。

80 [法]汪德迈（Léon Vandermeersch）《中国教给我们什么》，[法]金丝燕译，中文繁体版，香港中文大学出版社，2019。

81 陈越光《谦卑》，中国大百科全书出版社，2019。

82 [法]冉刻（Léon Vandermeersch）《谦卑》，金丝燕译，中国大百科全书出版社，2019。

83 [法]金丝燕《读》，中国大百科全书出版社，2019。

84 [法]约翰－弗朗索瓦·塞纳（Jean-François Sené）《读》，赵宗红译，中国大百科全书出版社，2019。

85 [法] Danielle Marcoin trans. Folk Sayings on Cigarette Boxes《烟盒上的谚语》，法文版，Paris：Editions Nuvis，2019。

86 [法]汪德迈（Léon Vandermeersch）《中国教给我们什么》，[法]金丝燕译，中文简体版，中国大百科全书出版社，2020。

87 [法]汪德迈（Léon Vandermeersch）《中国思想的两种理性》，[法]金丝燕译，中文简体版，中国大百科全书出版社，2020。

88 [法]汪德迈（Léon Vandermeersch）《跨文化中国学》（上），中国大百科全书出版社，2020。

89 [法]汪德迈（Léon Vandermeersch）《跨文化中国学》（下），中国大百科全书出版社，2020。

90 [法]汪德迈（Léon Vandermeersch）《新汉文化圈》，陈彦译，中国大百科全书出版社，2022。

91 陈越光、董晓萍、金丝燕编《跨文化的星辰——汪德迈》，中国大百科全书出版社，2022。

92 [法]汪德迈（Léon Vandermeersch）《中国文学的独特起源》，金丝燕译，中国大百科全书出版社，即出。

93 [法]汪德迈（Léon Vandermeersch）《中国礼制社会》（上），中国大百科全书出版社，即出。

94 [法]汪德迈（Léon Vandermeersch）《中国礼制社会》（中），中国大百科全书出版社，即出。

95 [法]汪德迈（Léon Vandermeersch）《中国礼制社会》（下），中国大百科全书出版社，即出。

96 [法]汪德迈（Léon Vandermeersch）金丝燕《古文言读本》（第一册），中文版，Paris：Éditions You Feng Libraire & Éditeur，2020。

97 [法]金丝燕、路士栋、[法]法宝（Dhammaratana Tampalawela）译，《长阿含·阇尼沙经》，中法双语，Paris：Éditions You Feng Libraire & Éditeur，2020。

98 [法]金丝燕、[法]法宝（Dhammaratana Tampalawela）《佛经汉译之路：

〈长阿含·阇尼沙经〉对勘研究—中古汉土的期待视野》，中文版，Paris：Éditions You Feng Libraire & Éditeur，2020。

99 [俄]契切罗夫《俄罗斯人民口头创作》，连树声译，中文版，Paris：Éditions You Feng Libraire & Éditeur，2020。

100 [法]金丝燕等译（JIN Siyan，Robert Lechemin，Tmpalawela Dhammaratana）《典尊经》Soutra du Grand Exemplaire Vénérable，Traduit et annoté par，中法双语版，Paris：Éditions You Feng Libraire & Éditeur，2020。

101 [法]金丝燕、董晓萍主编 Transfert culture：Textes，arts，langues et cultures，sous la direction de Jin Siyan et Dong Xiaoping（《文化转场：文本、艺术、语言与文化—联合国教科文国际会议论文集》），英文版，Paris：Éditions You Feng Libraire & Éditeur，2020。

102 董晓萍《田野民俗志》（第三版），北京师范大学出版社，2020。

103 乐黛云、陈越光主编《跨文化学研究的理论与方法》，中国人民大学出版社，2021。

104 [法]金丝燕《诗学的悖论》，中国大百科全书出版社，2022。

105 董晓萍《跨文化学的文化批评》，中国大百科全书出版社，2022。

106 王一川《跨文化学的要素》，中国大百科全书出版社，2022。

107 [法]婆苏闼拉·卡瓦利-佛辽若(Vasundhara Kavali-Filliozat)、[法]皮埃尔-西尔万·佛辽若(Pierre-Sylvain Filliozat)《法国的印度学》，赵悠译，中国大百科全书出版社，2022。

108 [英]白馥兰(Fransesca Bray)《技术作为一种文化—跨文化研究的一种尝试》，董晓萍译，中国大百科全书出版社，2022。

109 程正民《跨文化诗学——以俄罗斯诗学为例》，中国大百科全书出版社，2022。

110 [比]巴得胜(Bart Dessein)《跨文化学的研究范式》，董晓萍译，中国大百科全书出版社，2022。

111 [法]米歇尔·冉刻(Michel Zink)《游吟诗人》，[法]王以培译，中国大百科全书出版社，2022。

112 [美]傅罗格(Frog)《跨文化的芬兰学派》，董晓萍译，中国大百科全书出版社，2022。

113 [法]米歇尔·西班牙(Michel Espagne)《跨文化的文化转场》，董晓萍译，中国大百科全书出版社，2022。

114 [日]内田庆市《文化交涉学十六讲》，中国大百科全书出版社，2023。

115 [法]冉刻(Michel Zink)《中世纪文学研究》，[法]金丝燕译，中国大百科全书出版社，2022。

116 董晓萍等《非常跨文化对谈录》，中国社会科学出版社，2022。